［著］徳田　武

幕末維新の文人と志士たち

ゆまに書房

●上右　椿椿山筆『安積艮斎像』（写真）　安積国造神社蔵

●上左　『大橋訥菴先生伝』（寺田剛著、至文堂・一九三六年刊）所載「大橋訥菴先生肖像」

●下左　中村紫明画『清河八郎肖像』　清河八郎記念館蔵

幕末維新の文人と志士たち・目　次

馬琴と西鶴

一　『八犬伝』と『好色五人女』

馬琴が西鶴をどのように享受したかという問題は、早く『西鶴』（暉峻康隆・野間光辰編。『国語国文学研究史大成』十一、昭和三十九年九月刊）の「研究史通観」二「文化・文政期における西鶴の復活」3「馬琴と西鶴」に一応の素描がなされている。そして、それには馬琴が西鶴について語った記録として『羇旅漫録《きりょまんろく》』九十一「西鶴が墓誌」と、『燕石雑志《えんせきざっし》』巻五之上冊「西鶴は井原氏なり……」との二つの記事が掲載されている。両者ともによく知られているものであるから、一々引用する事はしないが、『燕石雑志』の

この人肚裏《とり》に一字の文学なしといへども、よく世情に渉り戯作の冊子あまた著はし、一時虚名を高うせり。その書は男色大鑑、西鶴織留《おりどめ》、世間胸算用、一目玉鉾《ひとめたまぼこ》、日本永代蔵、西鶴置土産、西鶴彼岸桜、西鶴名残友、その余いくばくもあるべし。人々今日目前に見るところを述べて、滑稽を尽すことは西鶴よりはじまれり。さはれもつぱら遊

廓のよしなし事のみ綴りて、その書猥雑なりしかば、世の譏《そしり》を得脱れず。……戯作の才は西鶴殊に勝れたり。但その文は物を賦するのみにして一部の趣向なし。

という記事を見るだけでも、馬琴が西鶴の事を小説家の先輩として相当に意識していた事は確かである。但し、右の記事には好色本の書名が全く出てこない事には、前もって注意しておこう。

だが、それでは馬琴は西鶴を摂取したことがあるのであろうか。摂取したとすれば、西鶴のどの作品を彼のいずれの作品に如何様に取り入れたのであろうか、という問題については、その解明を試みた論考は現れていないようである。よって、ここにその問題の一端を解明しようと思うのである。具体的に言えば、馬琴の代表作である『南総里見八犬伝』の、その内でも最も有名な登場人物の一人である浜路の物語と人物像に西鶴の『好色五人女』（貞享三年刊）巻四「恋草からげし八百屋物語」のお七の物語と人物像が取り入れられている、という事である。そして、その事がはらむ問題や、そのほかの馬琴作品との関係についても論及する事とする。

二　寝屋への忍び行き

「恋草からげし八百屋物語」では、お七は、一目ぼれした小野川吉三郎に逢える機会もないままに過ごしていたのであるが、正月十五日の夜半、住職たちが八左衛門の野辺送りに出かけて行き、母親や女中たちも眠って、人目が無くなると、吉三郎の寝所に忍び入る事を決意する。その時のお七の行動は大胆と小心とを兼ねたもので、次のように描写される。

やうやう更過て人皆をのずからに寝入て、鼾は軒の玉水の音をあらそひ、雨戸のすきまより月の光もありなしに静なるをりふし、客殿をしのび出けるに、身にふるひ出て足元も定めかね、枕ゆたかに臥たる人の腰骨をふみて、たましゐ消がごとく、胸いたく上気して物はいはれず、……

以下、お七は、踏み越えた下女から小半紙を渡されたり、目をさました姥から吉三郎の寝所を教えられたり、常香盤《じょうこうばん》に香を盛っている新発意をなだめたりしながら、ようよう吉三郎のもとに行き、

吉三良寐姿に寄添て、何共言葉なく、しとげなくもたれかゝれば、吉三郎夢覚てなを身をふるはし、小夜着の袂を引かぶりしを引のけ、「髪に用捨もなき事や」といへば、吉三良せつなく、「わたくしは十六になります」といへば、お七、「わたくしも十六になります」といへば、吉三良かさねて「長老様がこはや」といふ。「をれも長老さまはこはし」といふ。何とも此恋はじめもどかし。

と、もどかしいラブ・シーンが展開されることになる。

右のように、うら若き素人の処女が真夜中に自分から進んで恋しい男の寝所に忍んで行く、という行動形態は、実際には殆どあり得ない事であろう、と思う。特に近世のような、男女の自由恋愛が窮屈であった時代には、なおさらあり得なかった事であろう、と思われる。従って、小説や其他の文芸においてもそのような行動の設定と描写が為される事は、まず無かったであろう、と考えている。現に八百屋お七の実事を記していると言われる『天和笑委集《てんなしょういしゅう》』―但し、その文章は仮名草子の恋物語風に潤色されたもので、筆者の創作と言うべきものが随分含まれている、と考えられる―

第十一「七、生田密契之因縁、幷後知らぬよろこび」では、お七は生田庄之介から付文されても、「昔より女をこふる男はあれども、男をこふる女はなし」と庄之介をじらせる作戦に出ており、いよいよ両者が結ばれる場面になっても、

生田よろこび限りなく、……いろよき小袖に身をかざり、一世のおもひ出こよひに有と、さしもくわんくわつに出立、心しづかに、ゆき（筆者注、下女の名）がをしへおきたる壱間のほとりに立より、戸をほとほとおとづれければ、ゆき心得、ひそかに戸をひらき、手を取てうちに入、七がそば近くつれ行、ひざをならべて坐せしめ、

と、男の庄之介の方からお七の部屋に出向く、という伝統的な形で描写されている。より後の記録として取り上げられる『近世江都《えど》著聞集』（宝暦七年、馬場文耕序）巻一「八百屋お七秋月妙栄伝」では、男の名は山田左兵衛となっているのであるが、

此寺に滞留中、お七はこころならずも、互に相見る事の日を添て、山田がとりなり、稲舟のいなにはあらぬ恋の山、ふとおもひ初て、人目の関を忍びつつ、ぬる夜の数の重りて、いつしかわりなき中となりにけり。

とだけ簡単に記されていて、女の方から忍んで行く姿は勿論描かれていないが、そもそも恋愛描写を積極的に行おうという姿勢を見せていないのである。

説経祭文『八百屋於七　小性吉三』は、成立が『好色五人女』より早いのか否か問題があるが、今は『五人女』と同題材を扱った、比較のための参考作品として見ることにする。その「こせう吉三」との契りは、

こせう吉三になれそめて、おやのめつま（目褄）をしのばれて、こゆびを切てちをしぼり、きせうせいしを取かわし、夜ごと〳〵にしのびあい、かへらしゃんすな吉三様、何かはるべきお七殿、二世も三世もめうとじゃと、たがいにふかくいいかわし、たのしみ日々におくりしが、……

と、ありきたりに述べられ、いずれかがいずれかの寝所に忍び行くという細部を取り上げる事に、そもそも関心を持ってはいない。

『五人女』より二十年余り後の紀海音の浄瑠璃『八百屋お七』（享保初年初演）は、説経祭文『八百屋於七　小性吉三』と交渉のある作品だが、『五人女』でお七と吉三が結ばれた後の後日談、という形を取っているので、両者の内のいずれかが初めて相手の寝所に行く、という場面など今更ある筈がないのである。

このように、お七関係の記録や作品を通観すると、お七が自分から男の寝所に真夜中に忍んで行く、という設定をそなえているものは、『五人女』しか無いのである。ということは、この設定がそれだけユニークで破格であり、珍しいものなのだ、ということになるであろう。換言すれば、新しく大胆で刺激的な叙述なのであり、そのように新しく大胆で刺激的な部分を幾つも備えている事が『五人女』の面白さの要因の一になっているのである。

三　浜路の忍び行き

近世においては、右のように新しく大胆で刺激的なものであった場面を、これまた珍しくも自作に導入した作家が、ほかならぬ曲亭馬琴である。その『南総里見八犬伝』の第三集は、文政元年（一八一八）九月の叙を持つが、その第二十五回に有名な浜路の口説の場面がある。
許婚者である犬塚信乃が許我《こが》に旅立つ前夜、浜路は、自分を見捨てて行く信乃に一言いいたいのであるが、その場面は次のように描かれる。

さる程に、信乃は臥房《ふしど》に入りしかど、暁るを待ばいもねられず、ひとりつくつく久後《ゆくすゑ》を、思ふ物から身ひとつを、誰は止めねど父母の、墳墓に今ぞ遠離《とほざか》る、里の名残のいと惜き、こゝろはおなじ真砂路《まさごぢ》の、浜路は臥房を脱出て、竭ぬ恨をいふよしも、納戸の鼾は二親の、目覚めぬ程にと心のみ、せかれて逢ぬかたにさへ、なほ憚りの関の戸の、音たてさせじと閾《しきゐ》踏む、膝は戦《ふる》へて定めなき、浮世と思へば形《あぢき》なく、悲しく、つらく、恨しき、郎《をとこ》の枕に近づけば、信乃は来る人ありと見て、刀を引よせ、岸破《がば》と起き、「誰や」、と問ば音もせず。「原来《さては》癖者ござんなれ。わが寐息を窺ふて、刺も殺さん為に欤《か》」、と疑へばいよゝ由断せず、行燈の火光《ひぐち》さし向けて、熟視《つら〳〵》れば浜路なり。端なくは得進まで、蟵《かや》の後方《あとべ》に伏沈み、声は立ねど哽咽《むせかへ》る、涙に外《よそ》をしのぶ摺《すり》、紊《みだ》れ苦しと喞《かこつ》めり。

このように、十六歳の浜路は真夜中に十八歳の信乃の寝所に忍びゆくのであるが、それは全く『五人女』のお七の行為と同様である。更にまた、『五人女』に「鼾は軒の玉水の音をあらそひ」とあるのに対して、『八犬伝』には「納戸の鼾は二親の」とあり、『五人女』に「身にふるひ出て足元も定めかね」とあるのに対して、『八犬伝』に「膝は戦《ふる》へて定めなき」とある、という具合に両者の間には相似た文言までもが存する。そして、こうした場面が近世小説にはめったに無いものであること、更には馬琴が西鶴を相当に意識していた事を考え合わせると、馬琴は右の場面を『五人女』の上述した場面から取り来ったのであろう、という考えが生じてくるのである。

普通には、馬琴と西鶴は全く相反する作家であるかのように思われている。馬琴は勧善懲悪の硬く気難しい作家、西鶴は愛欲描写を得意とする粋で奔放な作家、という具合にである。その上、馬琴が本領とする読本と西鶴が創始した浮世草子の持つイメエジも、大きく異なるように思われている。読本は虚構が多く、理想主義で、難しい漢字を多用する硬文学、浮世草子は写実的で、教訓をさほど垂れず、漢字を多用しない軟文学、という風にである。だから、両者の間に共通点や類似点を見出すことなど普通には考えもしないのである。だが、前述したように馬琴は相当に西鶴を意識しており、しかも多年、小説の執筆で飯を食ってきて、読者を引きつけることに腐心してきた作家であることを考慮すると、馬琴が西鶴から趣向や場面設定などの学ぶべきものを見出し、それを取り入れる可能性は、十分に存するのである、と考えなおした方が良いであろう。右の例は、その顕著な一例であると言いたいのだが、この説を補強するために、とりあえず『五人女』に限って、なおも馬琴が西鶴から取り入れたと考えられるものを挙げて見ることにしよう。

四　『近世説美少年録』と『五人女』

馬琴が『五人女』を意識している事の明瞭な現れは、『近世説美少年録《きんせせつびしようねんろく》』第一集（文政十二年刊）第四回以降に登場する陶瀬十郎と夏の名を、『五人女』巻一「姿姫路清十郎物語」の清十郎とおなつから取っている事で、この事は既に言いふるされている。だが、それ以上に進んで『美少年録』に『五人女』からの摂取を指摘した発言は無かったのであるが、近時、私は両者を読んでいるうちに次のような事に気がついた。それは、『美少年録』第五回「緑巽亭《りよくそんてい》に蛇孽胎《じやげつたい》に凴《よ》る」において、瀬十郎とお夏が日野西兼顕卿の嵯峨の山荘に在る緑巽亭で久しぶりに再会する場面での事である。その座には他に万里小路賢房卿がいたのだが、宴のさ中に関白植房公から呼び出されて、兼顕・賢房の二卿は立ち去る。

お夏の供をしてきた夫の木偶介は、家に残してきた娘の小夏が気になって独り帰宅する。給仕していた童扈従たちは、いつしか居なくなる。要するに、その座には瀬十郎とお夏しかいなくなるのである。そこで、二人は、

　阿夏は瀬十郎を誘ひ立て、次房に退くに、こゝにはいと大きなる華氈《かせん》、三四枚措《おか》れたり。推ひらきてこれを見るに、その柔きこと羅紗にも優たり。「是を今宵の衾《ふすま》に」とて、軈《やが》て布寝の仮枕、かさねて夢を結ぶなるべし。

という仕儀に相なるのである。してみると、他の人々が居なくなったのは、瀬十郎とお夏が情事を行うのに都合のよい状況を用意した事になる。馬琴は周到にそこらへんの事情を描いているのである。この事は、既に新編日本古典文学全集『近世説美少年録』第一巻百三十二頁の注一にも述べておいた。

馬琴が粉本とした『檮杌閑評《とうごつかんぴょう》』第三回でも、王尚書の邸宅に泊まることになった魏雲卿と侯一娘が王公子と呉寛の座に招かれ、一娘は呉寛を酔眠させ、王公子が小用に立った隙に雲卿と明日、陳華宇の旅館で会う約束をする、という設定があり、勿論、馬琴がそれをも参照している事も注しておいた（第一巻百三十一頁・頭注赤字部分）。だが、『檮杌閑評』の設定は、明日、旅館において再会する約束というもので、情事の環境用意としては、少し不徹底なものである。

ところが、『五人女』の例の「恋草からげし八百屋物語」では、お七が吉三郎の寝所に忍びゆく直前に、次のような叙述がある。即ち、十五日の夜半、米屋の八左衛門が死んだという知らせに、吉祥寺の長老は「あまたの法師」を連れて出て行き、後には「七十に余りし庫裏姥ひとり、十二三なる新発意壹人、赤犬ばかり、残物とて」という状態になる。これは、怖い監視役が不在になり、情事が行われやすい状況になった、という事を意味しているのである。

同様な意味を持つ状況設定が「雪の夜の情宿」において繰り返される。この段では、お七は親から厳しく監視されて

いて、吉三郎に逢えないでいるのだが、雪の日に吉三郎が扮装して尋ねて来、思いがけなく泊まることになった事により、その機会が到来する。その上、深夜、姪のおはつの所から出産の知らせの使者が来たので、

家内起さはぎて、「それはうれしや」と寐所より直に夫婦連立、出さまにまくり・かんぞうを取持ちて、かたしぐの草履をはき、お七に門の戸をしめさせ、急心ばかりにゆかれし。

と、お七の両親は急に出かける。即ち、監督者が不在になったのである。だからこそ、吉三郎に気がついたお七は、彼を自分の寝所に連れて行くことができたのである。このように、西鶴は御丁寧にも二度に亘って、監督者の不在、という設定に拠り、情事のための環境を作り出しているのである。

同様な場面設定は、『五人女』巻一「姿姫路清十郎物語」の「太鼓による獅子舞」にもある。但馬屋の一家が野遊びに出た際、幔幕の内にはおなつと、監督者の兄嫁、および清十郎などが居たが、折から獅子舞が来たので、兄嫁たちは幕の外に出て、これを見物する。その隙に清十郎とおなつは情事を結ぶのであるが、この獅子舞は実は清十郎が兄嫁たちを人払いするために雇ったものであった。つまり、此の趣向も、やかましい監督役を不在にして情事を行いやすくするためのものであり、西鶴は『五人女』においては、そのように再三に亘って、情事のための環境造りを行っているのである。とすると、馬琴が『美少年録』において情事の環境造りを行っているのは、まさに西鶴のこうした描法に学んで、それを取り入れたものである、と考える。

このようにして、文政期の馬琴は、『八犬伝』や『美少年録』に『五人女』の二つの話の設定と描法とを分散させて取り入れているのであるが、その事を読者に示す徴表として提示しているものが「瀬十郎」「お夏」という命名であっ

た、と考えるのである。つまり、馬琴の当時の読者には、瀬十郎・お夏という名前から八百屋お七譚の清十郎・お夏を連想する事は容易な事だったろうが、そうした連想が生じさえすれば、更なる連想が『五人女』に及ぶ事は、これまた難事ではない。そして、連想が『五人女』に及べば、『美少年録』との関連を考える段階まで、あと一歩なのである。『美少年録』との関連まで行けば、『八犬伝』など他の馬琴作品との関連も有り得る、という所まで考えてもよい、と言うことを示唆する徴表になっているのであるが、それは、馬琴が意図的に仕組んだ可能性があるのである。

以上、馬琴が『五人女』を利用している、という考えは、大方に認められただろう、と思うのであるが、それでは、なぜ馬琴は本論冒頭に引いた『燕石雑志』の記事において『五人女』の名を出していないのであろうか。また、延いては好色物の名を出していないのであろうか。勿論、馬琴が『五人女』や好色物の存在を知らなかったという事は、あるまい。それは、「その書猥雑なりしかば、世の譏を得脱れず」という文が示唆するように、猥雑好色な事に関わるのを避ける、という姿勢を標榜している彼が、「好色」という語を出す事を厭ったからである、と考えられる。つまり馬琴は、好色物の存在を知ってはいるが、敢えてそれが存在しないかのように見せかけているだけなのである。だから、この場合には、記載が無いからといって、馬琴が知らなかったのだ、とするのは、早計なのである。

五　お七と浜路の性格

馬琴が「恋草からげし八百屋物語」の、男の寝所への忍び行き、という場面を取り入れた、という事は、単に趣向や状況設定を取り入れたという事だけを意味するのではない。それはまた、更にお七の性格までも取り入れようとしている事でもある、と考えられる。その性格とは、一途で、思い切った事をする、というものである。「恋草」では、お七は、寺の住持が貸してくれた振袖を見て、「思へば夢なれや、何事もいらぬ世や」(「大節季はおもひの闇」)と無常観を起こすのであるが、それは、どうせ死ぬなら、したい事をして死のう、という思いにつながっていくのである。次に、吉三郎のもとに忍び行こうという下心を持った夜、雷が鳴り響くのであるが、お七は独りだけ、「扨もうき世の人、何とて鳴神をおそれけるぞ。捨てから命、すこしも我はおそろしからず」(「虫出しの神鳴もふんどしかきたる君様」)、と何をしても怖くはない、という潔さをしめす。それは、無用の強がりとして下女たちから非難されるのであるが、西鶴の意図としては、死ぬ覚悟さえあれば何でもできる、というお七の居直りを描こうとしたもの、と考えられるのである。更に引廻しの刑を日々受ける事になったお七の様子については、「此女思ひ込し事なれば、身のやつるる事なくて」(「世に見をさめの桜」)と、覚悟をした上でのことなので死をも恐れない、という潔さを、またも強調する。このように通観すると、西鶴がお七に対して、一貫して持続する明確な性格――死を予感する事より生ずる、居直った大胆さ。或いは、思いきった事を敢行する敢為性――を賦与しようと志向していた事が看取できるのである。という事は、換言すれば、こうした性格あればこそ、思う男の寝所に真夜中忍びゆくのだ、というように性格と行為とを関連づけて描くことであって、この関連づけを、西鶴は原初的にではあるが志向していた、と考えられるのである。

お七のこうした居直った思いきった性格の設定、そして性格と行為との関連、という描き方に馬琴は学ぶ所があった、と考えている。具体的に言うと、『八犬伝』では、浜路の性格の説明と見なされる部分が一箇所だけある。それは、養父蟇六の

浜路は今の女の子に似げなく、鄙言《ひげん》にいふ馬鹿正直、信乃を良人と思ひとりて、貞操をも立かねまじき、渠《かれ》が気質を推すときは、縦《たとひ》左母二郎が袖を曳とも、志を移すべからず。(第二十四回)

という言葉に示されているものである。この「貞操をも立かねまじき」という事は、具体的には、簸上宮六との結婚を迫られたのを厭って自害を図る（第二十七回）、左母二郎が信乃の村雨丸を持っている事を知って、それを奪い返そうと左母二郎に斬ってかかる（第二十八回）、という行動に現れる。やはり、死をも恐れぬ、大胆で思いきった性格が現れた行動、というほかはない。そもそも、真夜中に独りで信乃の寝所に忍びゆく、という行動自体にそのような性格が発現しているのである。とすると、一見したところ随分と異なるお七と浜路との間には、共通するものが存することになる。ただ、それがお七の場合には「いたづら」（「虫出しの神鳴」。奔放、ないしは淫乱の意）として認識され、浜路の場合には「貞実」（第二十八回）として描かれているので、両者が一見無縁な存在であるかのように思われるのである。

ただし、そうは言っても、お七も浜路もともにうら若き女性である。お七が吉三郎の寝所に忍んでゆく際には、前引したように「身にふるひ出て足元も定かね……たましゐ消がごとく、胸いたく上気して物はいはれず」と、初心で臆病な所も描かれている。雪の夜に吉三郎を泊めた折には、吉三郎と語る話声が隣室に「もれ行事をおそろしく」、心のたけを紙に書いて示しあう（「雪の夜の情宿」）、という小心な面も見せている。いわば、大胆でもあるが、臆病でもある、という二面性を併せ描いているのである。これに対して、浜路も同様に臆病で小心な事は、前引した「納戸の鼾は二親の、目覚めぬ程にと心のみ、せかれて逢ぬかたにさへ、なほ憚りの関の戸の、音たてさせじと闥踏む、膝は戦へて定めなき」という部分に十分に表わされている。死をも恐れぬ敢為と恥じらい深さ。こうした二面性の描写において西鶴と馬琴とに共通性が見出される、という事は、偶然であるのか、それとも馬琴が意識的に西鶴から学びとったからであるのか。私としては後者である、と考えているのだが。

六　浜路は自然主義

坪内逍遥は、『小説神髄』の「小説の主眼」において、八犬士は「仁義八行の化物」であり、「肚の裏にて思へる事だに徹頭徹尾道にかなひて曾て劣情を発せしことなし」と評した。その評は、「劣情」の語に注目すれば、特に浜路の口絶の場面を意識してのものだ、と言えよう。即ち、信乃が浜路に対して全く情欲を抱かないのは、人間性の自然を欠いている、と批判したのである。

だが、馬琴が浜路口説の場面で意図したものは、「唯だ其の勧懲に於いて、毎編古人に譲らず。敢えて婦幼をして奨善の域に到らしめんと欲す」（「八犬伝第三集叙」）と言う言葉に現れているように、人間の善の面、理想的な面を表現しようとしたのであり、そうした要素を導入する事が、逍遥も「東洋の小説作者ハ医鬱排悶の効能と勧善懲悪の裨益をもて小説稗史の目的と心得、専ら勧懲を主眼として稗史を編む者比々是なり」（「小説の裨益」第二「人を勧奨懲誡なす事」）と言うように、中国小説や日本の読本が掲げた、小説の存在理由なのであった。この事は換言すれば、読本に思想を導入する事によって、小説の地位を高めようとする事でもあった。

ところが逍遥が、人情と世態風俗を写実的に描写する事を「小説の主眼」と主張した結果、以後の小説史が写実を主軸として展開していった事は、周知の通りである。そうした潮流に伴って、作家や評論家によって西鶴の写実性が専ら評価されてゆく事も文学史の常識である。島村抱月が『五人女』について、

彼れ（筆者注、西鶴のこと）が作中、小説として最も傑れた『五人女』に於いては、さすがに人生が馬琴等の描い

た如く不具でもなく、怪物でもなく、活きてしかも要を摘み得た全人生の縮図が描き出されてゐる。(「『五人女』に見えたる思想」中、『早稲田文学』明治三十九・十二)

と述べた事など、その最たるものであろう。ここに見られるように、その後、明治・大正・昭和の文壇と学界は、西鶴の写実性を評価し、対照的に馬琴の勧懲(理想主義)を貶めるのが常となった。写実とは、自然主義の実践とも言え、写実と自然主義とは不可分の関係にあるとも言えようが、三田村鳶魚がお七のことを、多少揶揄気味にではあるが、「自然主義の卒先者」(明治四十四年刊『芝居と史実』「八百屋お七歌祭文」三・円林寺の念者)と称するのも、自然な情欲に沿った行動が写実的に描かれている、という認識のもとに、その様に言ったものであろう。

しかし、思いきや、文壇や学界が非写実的と排した浜路口説の場面は、実にその文壇や学界が評価する『五人女』の、それも最も自然主義的な場面に基づいて作られたのである。(勿論、抱月も言うように「恋草からげし」には、小半紙を渡す老婆とか、お七と常香盛りの新発意との問答、とかいった滑稽の要素も盛り込まれているのであるが)。馬琴はただ、その自然主義的な場面から滑稽的要素を除き、勧懲という理想を付加しただけなのである。だから、浜路口説の場面は、『五人女』の大胆で自然主義的な場面を取り入れたものであるのに、その大胆で自然主義的な要素の方は評価されず、かえって、小説の地位を高めるべく思想(勧懲)を盛り込んだ所ばかりが批判される。とは、馬琴も浮かばれぬものである。という事であるとすれば、今後、我々は、馬琴のこの大胆で自然主義的な要素をこそ取り込んでいる所——それは西鶴の破格的な場面描写を評価し、導入したという点で、馬琴の小説家としての破格性を表している、という事である——に、もっと注目してゆく必要がある、と考えるものである。

七　『旬殿実実記』と『五人女』

その他に馬琴が『五人女』から取り込んでいると考えられるものを述べてみよう。彼の『旬殿実実記』（文化五年刊）巻之五、心猿第八、猿番場上に、お筍の母親斧城《おのき》が娘と密謀して、お筍《すず》と下女お旬《しゅん》との寝室を交換させ、その晩、お筍はお旬の部屋で頑三郎と密会し、密談する、という話がある。下女と寝室を交換する事によって間男と逢いやすくさせる、という趣向なのであるが、それは、『五人女』巻三「中段に見る暦屋物語」二「してやられた枕の夢」、大経師おさんがたわむれで腰元のりんの寝所に寝て、りんの相手の茂右衛門と過ちを犯してしまう、という設定とほぼ同一である。両者ともに寝所を目下の女のそれに換える事によって男と竊《ひそ》かに会う、という趣向を共有していることになる。馬琴は、「その文は物を賦するのみにして一部の趣向なし」というように、西鶴を情景描写ばかりで、脚色性、換言すれば趣向がない作家と見ていたが、「してやられた枕の夢」のこのような設定は、作意を凝らした趣向を多用する馬琴読本にも屢ば見出せる底のトリック的趣向と言え、馬琴が喜びそうなものだ、と考えられる。だから、馬琴がこの趣向に遭遇した時に、それを喜んで取り入れることになるのだ、と考える。念のために、両者の共通する場面の文章を挙げておこう。

おさんさま（、）りんに成かはらせられ、……りん不断の寐所に暁がたまで待給へるに…茂衛門下帯をときかけ、
闇がりに忍び
（『五人女』）

お筍は……猛《にはか》に艶簡《ふみ》書写《かいしたた》めて、其夜さり、頑三郎を招き入れて、お旬が子舎《へや》にて密会《しのびあふ》に

右のうち、「りん不断の寐所に」と「お旬が子舎にて」とは、自分の本来の寝所ではなく、別人の寝所であることを指定する句として通ずるものがあるが、そのような所にまで両者の影響関係の痕跡を求めようとするのは、穿ち過ぎであろうか。そして、もしもこの説が認められるならば、馬琴の西鶴摂取は、文化五年（一八〇八）頃にはもう行われている事になるが、考えてみれば、それより前の享和二年（一八〇二）の『羇旅漫録《きりょまんろく》』の旅の折には、わざ〳〵西鶴の墓を訪れているくらいなのだから、文化期の作品に摂取の痕跡が見出せるのは、むしろ当然なのである。

補記

文化七年刊の『常夏草紙』も、女主人公の名を笠屋お夏とし、お夏の夫を丹嶋清十郎とする。この作品の場合は、近松門左衛門作『五十年忌歌念仏』のお夏・清十郎を踏まえての命名であるが、にしても、馬琴が『好色五人女』のお夏・清十郎をも意識していることは否定できず、それは馬琴が『好色五人女』の女主人公たちを常に意識している事の反映でもあろう。

前高崎藩主大河内輝声の中国小説愛好

序

上毛高崎藩の最後の藩主であった大河内輝声《てるな》（号は桂閣）が、清国初代駐日公使何如璋《かじょしょう》・副公使張斯桂《ちょうしけい》・参賛官黄《こう》遵憲《じゅんけん》・随員沈文棨《しんぶんけい》や、民間人の王桼園《おうしつえん》たちと筆談によって親しく交わり、日中友好に貢献した事は、実藤恵秀《さねとうけいしゅう》編訳『大河内文書　明治日中文化人の交友』（昭和三十九年、東洋文庫、平凡社）、鄭子瑜《ていしゆ》・実藤恵秀編校『黄遵憲與日本友人筆談遺稿』（一九六八年、早稲田大学東洋文学研究会）、ひいては近時、中国から刊行された『黄遵憲全集』（陳錚《ちんそう》編、二〇〇五年、中華書局刊。国家清史編纂委員会・文献叢刊）上巻に増補して収められた筆談資料等によって知られる。それらの内の様々な方面に亘る内容は、今後いろいろな形で利用されてゆくであろうが、なかんづく輝声の中国小説への関心を示す部分を取り上げて、その事が含有する意味や価値について述べた文章がある事を知らない。私見によれば、輝声こそは、有数の中国小説古版本のコレクターであり、この時期での稀有な中国白話小説通である事が筆談を通して知られるのである。よって以下にそのように観察する所以を述べてみよう。

一　才子佳人小説・紅楼夢・水滸伝

輝声の中国小説好きは、彼が清国人と筆談を始めた丁丑、即ち明治十年（一八七七）の七月から早くも窺うことができる。明治十年七月の王桼園との筆話は、『丁丑筆話』第一巻に収められている。『丁丑筆話』の第一巻から第六巻までは、前記三書にも未だ収録されていなく、未紹介の資料と言えるが、それは群馬県高崎市の頼政神社に現に蔵されており、筆者は神社総代堤克正氏の御好意により、平成十九年（二〇〇七）六月二十四日に拝見することができた。その第一巻に拠れば、明治十年の七月七日、輝声は、芝公園内の広度院に置かれた寰海《かんかい》新報社において初めて王桼園と会い（王桼園は寰海新報を発行していたらしい）、次いで同月十五日、今度は輝声の墨水閣に独り尋ねて来た王桼園と次のような筆談を交わす。

（輝声）平山冷燕・玉嬌梨伝の如きは已に数篇読み完了《おはれ》り。其の余、虞初新誌・醒世恒言・拍案驚奇等、現に文庫に貯蓄す。

（王桼園）……聊齋誌異頗る可なり。君曽て閲するや否や。或ひは紅楼夢・鏡花縁は、皆睡りを消すべし。

（輝声）聊齋誌異は、弟已に蔵了するも、未だ閲し得ず。紅楼夢の如きは、乃ち徒らに其の名を聞くのみにして、未だ其の冊子を見ず、知らず現今敝邦に舶載し来るや否やを。知らず愓齋君《てきさいくん》（王仁乾。貿易商）に請ふて、更に之を購じ得るや否を。

これに拠れば、輝声は『平山冷燕』『玉嬌梨』のような才子佳人小説をとりわけ愛好したようで、両書の如きは、既に数回読了している、と言う。また、『醒世恒言』『拍案驚奇』を所蔵している、とも言うが、この事は、後述するように、長澤規矩也氏の大河内家からの購入書目に両書の名が見える事によって確認できるのである。更に輝声の『紅楼夢』閲読への意欲がこの時から始まることが知られるのであるが、という事は輝声はこの時にはまだ『紅楼夢』を読んでいなかったのであるが、後述するように、翌十一年七月二十日には該書の借用を何如璋に申し出、九月六日には該書の概要を知っていることが窺われる発言をしていて、そのような閲読への意欲がずっと持続していると知られるのである。

翌明治十一年四月十六日になって、輝声は何如璋・張斯桂・黄遵憲・廖錫恩《りょうしゃくおん》らとともに隅田川に船を浮かべるのであるが、輝声は、下僕であろう、兼吉という者を指して、「これは墨江泊の小李逵だ」と言う。つまり、『水滸伝』第三十八回、潯陽江《じんようこう》で、また後には梁山泊で及時雨宋江に忠実に従う黒旋風李逵に見立てて言ったものである。墨江泊は、勿論、隅田川の船着き場を梁山泊になぞらえて、そう称したのである。そうした『水滸伝』の知識を踏まえた機智であることは、廖錫恩もすぐに分かって、「貴殿の命名は甚だ良い。ただし、及時雨殿はどなたか」と応じている。輝声が及時雨宋江に当たるのだ、と言いたいのであろう。輝声は、その暗示にはしらばっくれて、「彼はまた忠義堂中の一個の豪傑で、能く宋公明をして笑いを催さしむ」と李逵のキャラクターを述べ、ますます『水滸』通である所を見せている。これに対して、廖錫恩は、今度ははっきりと「閣下は宋公明に多く譲らんや」と、輝声こそ宋江に当たる者だ、と答えている。このような当意即妙の問答を通して、輝声は小説通である事を顕示しており、廖錫恩は輝声が我が国の文学に通じてくれている事を喜んでいるのである。（『戊寅筆話』第五十八話）

明治十一年七月二十日、輝声は何如璋に書簡を出して、『紅楼夢』を借りたい、と頼んでいる（『戊寅筆話』第百二十話）。これに対しては、黄遵憲が何如璋に代わって返事を出し、『紅楼夢』を貸し与えている。

二 『三国演義』版本論

明治十一年（一八七八）九月六日、輝声は黄遵憲に『三国演義』の一本を見せて、これを購入すべきか否か尋ねている（『戊寅筆話』第百四十四話）。その本は、輝声が「其の書中を見るに、註釈叮嚀、何人の註するかを知らず。弟想ふに此の書は世に罕《まれ》ならん矣。之を購するも亦た益有るか、将た益無きか」と言うように、小説とはいえ字間に叮嚀な註釈が施されたものであったらしい。いま孫楷第の『中国通俗小説書目』巻二明清講史部を検するに、『新刻校正古本大字音釈三国志通俗演義』十二巻二百四十則（明万暦辛卯、金陵周曰校刊本）には「難字に音註有り、地理に釈義有り、典故に考証有り」と註釈が備わっているようであるから、輝声の示している本も、たぶんそれと同版であるか、または同系統の版本かであろう。この問いに対して、黄遵憲は、購入しても良いだろう、と答える。輝声は更に、その書の作者と註者の名を問う。黄遵憲は、「この書は明の中頃の甚だ古い本で、注釈者の名は分からない。中土ではただ金聖歎の批評本があって、羅貫中の作であることが知られるだけだ。羅貫中は元末明初の人で、その他の著述は分からない。この種の小説は民間に盛んに行われたが、蔵書家の蔵書目録や『四庫全書目録』には載せられていないので、作者はしれない。この本は明版であることは間違いない」と答える。これを受けて、輝声は奇妙な事を尋ねる。「この本は毛声山別集金批第一才子書より値段が大いに安かった。たぶん我が国の人は、毛氏の書が有るのを知ってはいても、この版本があるのを知らないからでしょう。この本がもしお国にあったならば、その値段は毛氏別集とどちらが値段が高いでしょうか」。これは現代の普通の書価認識と反対のことを言っているので、とまどわされるのである。すなわち、毛声山別集金批第一才子書とは、清の康熙年間に刊行された通行本であり、いくらそれが美本であっても、明刊本と価格において比べものにならないことは、現代においては常識になっている。然るに、輝声の頃は明刊本の方が廉価であったことが右の質問から知られるのであり、まさに輝声の言うように明刊本がめったに見られないために書賈が誤った、としか思えない。だから輝声は、清国においても事情は同様なのかと考えて、右のような質問を発したのであろう。これに対して黄遵憲が「明板の書は蔵書者は之を重んぜず。然れども既に古本たり。之を購ふを宜しきと為す。敝土に未だ之を見ず」と答えているのは、無難な回答である。その当時は宋元版に比すれば明版はまだ珍しくはなかったから、蔵書家はこれを重んじない。しかしながら、明版の内でも白話小説のそれは稀少で、唐土にはもはや見られなくなったのも事実であるから、黄遵憲は「購入しておいた方が宜しい」と答えたのである。

輝声は、更に質問を続ける。「毛声山別集本の凡例に載せている俗本というのは、たぶんこの本のことでしょうか。俗本には「乎」「也」「者」等の字の誤りがあり、且つ文字が冗長である、と言うが、俗本のどのような版本であるのか分からない」と。この質問は、通行の清刊本の凡例に「俗本の之・乎・者・也等の字は、大半は齟齬して通ぜず。又た詞語冗長、毎に複沓の処多し。今悉く古本に依りて改正す」とあるのを受けて、明刊本が俗本であると思いこんでいる輝声が却って俗本たる清刊本の凡例を信用しているという、玉石誤認を犯した例である。ではあるが、輝声は単に『三国演義』の本文のみならず、「凡例」のように普通には読み飛ばしてしまうような部分にも着目して、毛氏が校勘に用いた版本がどのようなものなのかに思いを馳せており、版本系統考の原初的な段階に踏み込んでいるのである。

これに対して黄遵憲の答えは、相変わらず如才ない。すなわち、「凡例の言う俗本がこの明刊本を指すかどうかは、分からない。声山は国初の人で、その時は明版が大層多く流伝していたから。ただ、声山は学問があるから、彼が校正した本は、流俗の本に勝るであろう。しかし、その当時に在っては声山から俗本と言われていても、今日においては古書であるから、これを購入しておけば、校勘に役立ち、版本間の優劣が分かるでしょう」というもので、何にせよ明版の方が清版よりも版本としての価値は勝る、という認識を一貫して説明するのである。

こうした黄遵憲の鑑定と勧告を受けて、たぶん輝声はこの明版『三国演義』を購入しただろう、と思う。なぜなら、後述するように、輝声は沢山の中国小説のコレクションを持っていたからである。

三 『紅楼夢』『八犬伝』論

その後、話題はなおも中国小説をめぐって展開する。黄遵憲が『紅楼夢』は天地開闢以来、古より今に到るまで第一の好小説で、日月と光を争い、万古滅せざるものだ。残念なことにはお国の人は中国語に通じないので、ことごとくはその妙に通ずることができない」と言う。丁度そこへ王桼園がやって来ていて、彼も、『紅楼夢』は閨閣の児女の性情をよく描写し、才人の能事を尽くしている。これを読めば、道を悟り、禅に参ずることができる。世情の変遷と人の営みの盛衰については、極めてよく描き尽くしており、経世済民(政治)を語る者は、その内から学びとることができる」と、口を極めてほめまくる。黄遵憲がこれを助けて、「その文章について言えば、左伝・国語・史記・漢書と並んで妙だ」と言う。このような清人の『紅楼夢』賛美に対して、輝声も負けてはいず、「我が国の源氏物語は、それと作意がよく似ている。『紅楼夢』は栄国府・寧国府の女性を説き、源氏物語は九重の宮中の人情を写している。その作者は才女の紫式部で、この一事だけでも曹雪芹をして魂消させよう」と誇る。その座には石川鴻斎もいたのだが、彼は「源氏物語の文章は古語であり、日本人でも解せる者は少ない」と、言い添える。このようにお国自慢で果てしなくなりそうなので、黄遵憲は如才なく、「残念なことには日本語に通じていないので、源氏物語を読むことができない。今、世間で流行している、婦女子が手にする物にも、必ずや良い所があろう」と、さり気なく話題を大衆小説の方に転換する。

これを受けて鴻斎が「近い頃、曲亭馬琴という作者がいて、水滸伝に倣って八犬伝を作り、大層よく読まれ、およそ百数巻もあり、今現に芝居となって、島原の新富座で上演されている」と日本事情を説明する。黄遵憲は「お国の芝居は微妙な所まで華やかに演じ出していて、私はこれを見るのが好きだが、言葉が解せないのが残念だ」と、これまた如才なく受けると、輝声が『八犬伝』のファンにとって注目すべき意見を述べる。すなわち「八犬伝は戯作として作ったものではありません。だから、今その芝居を演じているのですが、近頃の俗作者たちは脚色を変えてしまうので、却って馬琴の本意を失ってしまう。我が国の芝居として良い物は、忠臣蔵が第一です。それは当初から戯作として作っているからです。けれども、作者の学問が浅いので、還魂記や西廂記を見るような訳にはゆかない。皆笑うべきものです」(『戊寅筆話』百四十四話)と、和漢に亘る蘊蓄を傾ける。

この輝声の『八犬伝』についての見解は注目すべきものがある、と思う。つまり、彼は『八犬伝』に単なる戯作以上の思想性や時代風刺性を見いだしていて、近頃の脚色者がその面を理解していない事を「却って馬琴の本意を失せり矣」と嘆いているのである。『八犬伝』には、確かに思想性や時代風刺が含まれているのであって、右の輝声の発言は、彼が『八犬伝』のそうした硬派な面を読み取る事ができる精読者であることを示している、と言える。

四 『金瓶梅』論

『戊寅筆話』第百四十四話には更に続いて廖枢仙《りようすうせん》(名は錫《しやく》恩。公使随員。四十歳)が輝声に対して、「あなたは以前、金瓶梅を購入したそうだが、たぶん読み終わったでしょうから、使いに公使館に持って来させ、私共に見せてください」

と頼む所がある。この頼みを輝声は快諾しているのだが、これは、唐土では『金瓶梅』のような艶書の版本はもう入手できなくなっているのだが、日本には却って残っており、輝声のような裕福なコレクタァは所有している、という事を語るものである。

のみならず、輝声はちゃんと『金瓶梅』を読んでいる。と言うのは、この時、沈梅史（梅史は沈文熒の字）の腰元の通赫が来て、暑いものだから簾を降ろし、戯れに梅史の頭を打った。そこで輝声は即座に、

紫石街頭天暮るる処《とき》、簾子《れんし》を将《も》って官人を駭かす莫かれ

と詠じた。これは、『金瓶梅』第二回、紫石街に住む潘金蓮が鈎棒で簾を上げようとした際、風が吹いて来たため鈎棒を取り落とし、ちょうどそこへ歩いて来た西門慶に鈎棒が倒れかかる、という場面（『水滸伝』第二十四回にも同じ場面がある）を踏まえて詠じた詩句である。勿論、その事は同席していた王桼園もすぐにわかって、「楼上に潘金蓮無し」と応ずる。ここには残念ながら潘金蓮のような美人はいない、と戯れたものである。これを受けて輝声は、「彼女は『先に張大戸の家に在りて、他《かれ》をして死なしめた』と言っている。このような所こそ金蓮たる所以だ。慎みて孟玉楼の小童をして此の室に入らしむる勿かれ」と応ずる。これは、『金瓶梅』第二回に述べられている潘金蓮の生い立ちを踏まえて言ったもので、当初、金蓮は張大戸の妾であったが、張は房事過多のために死ぬ、という設定を指している。そして、そのように男を衰弱死させる点に金蓮の金蓮たる所以がある、と作中人物論をしてみせたのである。ちなみに、右の設定は、同様に金蓮の生い立ちを語っている『忠義水滸伝』第二十四回には見られないものであるから、輝声の記述は確かに『金瓶梅』の方に基づいたものである。そしてさらに、輝声が続ける孟玉楼云々の語は、同書第十二回に描かれる、

西門慶の第三妾孟玉楼が連れて来た琴童と潘金蓮が密通する、という話を踏まえて、通赫をよく監督しなさい、と冗談を言ったのである。このように咄嗟に『金瓶梅』のいろいろな場面を踏まえることができるのは、輝声がそれだけよく『金瓶梅』を読んでおった、という事を語るものである。さればこそ、沈梅史は、輝声のことを「満口の金瓶梅の知識に満ち満ちている）と賞賛している。

五　天花蔵主人論

明治十一年（一八七八）十二月十五日、輝声は何如璋に対して、「小説平山冷燕の書には天花蔵云々という署名があるが、天花蔵というのは誰か分からない。教えを請いたい」と尋ねている。何如璋の答えは、「このような小説は、すべて暇人の戯れの筆になり、署名には必ずしも事実や実名を伝えない」と言うもの（『戊寅筆話』第百七十八話）で、それは唐土における小説というものの性格と小説作者の位置とを正しく答えているのだが、輝声がこの質問を出す理由もうなづけるのである。天花蔵主人に関係のある小説は、早く馬琴が「此（筆者注、『続西遊記』を言う）作者ハ明の万暦前後の人なるべし。評点したる天花翁ハ清人也。天花ハ稗史の作あまたあれば、君もしらせ給ひけめ」（天保四年七月十三日、殿村篠斎宛書翰）という如く、大層多く、『玉嬌梨』『平山冷燕』『両交婚』『定情人』『画図縁』『金雲翹』『人間楽』『梁武帝西来演義』『済顛大師酔菩提』『玉支璣』『錦疑団』『幻中真』『飛花咏』『賽紅絲』『麟児報』『后水滸伝』が挙げられるのだが、後述するように中国小説のコレクターである彼は、所蔵する小説版本を見ていくうちに、天花蔵主人の名が多く出てくるのにきっと気づき、どのような人か疑問を持ったのに相違あるまい。小説の作者は数多くいるが、天花蔵主人のように目立つ存在は、そんなにはいない。だから、馬琴も夙に注目したし、現代の研究にも、戴不凡の「天花蔵主人即嘉興徐震」（『小説見聞録』一九八〇年、浙江人民出版社）のような作者考があり、『中国古代小説百科全書』（一九九三年、中国大百科全書出版社）にも「天花蔵主人」が立項されているほどである。そんな訳で、輝声は小説作者の内で特に天花蔵主人だけについて、何如璋に質問を発したのであろう。輝声の質問の裏には、かような事情が伏在していたものであろう、と推測できる。

六　輝声の中国小説蒐集

以上のように輝声は中国小説をよく読んでおり、また多くその古版を購入し所蔵しておったふしがある。その事を語るものが長澤規矩也氏の「学書言志軒随筆」（二）と「わが蒐書の歴史の一斑」（ともに『長澤規矩也著作集』第六巻所収、一九八四年、汲古書院）である。「学書言志軒随筆」に言う。

（昭和四年十月十一日）村口書房の書目を手にして、戯曲小説が多いのにびっくりして、さっそくかけつけたところ、神山潤次さんが先客で、水滸や奚疑斎（筆者注、沢田一斎のこと）の写本などを既に買っていられた。そこで、残りの中で、百円以内のもの十点を選購した。これは大河内家から出たもので、中に孤本が三部。

更に「わが蒐書の歴史の一斑」によると、その時に長澤先生が購入されたものは、

二胥記　二巻二十齣　明孟稱舜　明崇禎刊

風流十伝　八巻　明陳継儒評　明万暦刊
警世通言　三六巻　可一主人評無礙居士校　明末清初刊
醒世恒言　四〇巻　可一居士評墨浪主人校　清刊
拍案驚奇　三六巻　明凌濛初　清刊
西湖拾遺　四八巻　清刊
博古斎評点小説警世奇観　一八帙（有缺）　清刊
新刻繍像批評金瓶梅　二〇巻一〇〇回（図缺）　明刊本
皇明中興聖烈伝　五巻　明楽舜日（西湖義士）　明刊
後西遊記
今古奇聞

というもので、いずれも稀覯本ばかりである。そして、これらの稀覯本は、その後、東京大学東洋文化研究所の双紅堂文庫に収められている筈である。即ち、現に伝えられている筈である。いま、右の書目の内、双紅堂文庫の『西湖拾遺』を検すると、巻頭に「墨水源桂閣閲」という蔵書印が押されてある。あるいは、『皇明中興聖烈伝』を調べると、巻頭に長澤先生の筆で「大河内家旧蔵書の一」と書き入れされており、即ち、輝声の所蔵していた本であることが確認されるのである。

幕末期、輝声の前の世代で中国小説や戯曲をよく読み、従って古版本をもよく所蔵していた人、即ち中国俗文学通というと、遠山荷塘・高知平山、それに曲亭馬琴及び友人の殿村篠斎・木村黙老がいたくらいである。その次の世代になると、依田学海や森槐南・田中従吾軒・三木愛花と大河内輝声くらいしか思い浮かべられない。学海たちと中国俗文学との関わりように就いては、別に稿を起こすべきものであろう。いまは輝声だけに就いて言えば、彼はこれらの人々と並んで、中国の戯曲小説の多読と蒐集とにおいて明治初年の雄、と位置づけることができる人物であろう。

七　中国小説愛好の理由

輝声が愛好したものは、漢詩文と中国俗文学、および詞の制作であった。輝声と詞との関係もまた稿をあらためて説くべき問題である。いまは俗文学に限って、それを愛好した理由を考えてみよう。その主要な理由は、何といっても明治の藩閥政治を厭って政界から身を引いた輝声の政治嫌いにあるであろう。

筆話を通覧すると、彼が政治的問題や時事問題をあまり話題にしたがらない事に気づく。たとえば、明治十一年（一八七八）五月十四日、大久保利通が暗殺されたが、これに就いて何如璋や黄遵憲が輝声から意見を引出そうとしても、彼は、刺客の斬奸状の「岩倉具視・大隈重信・川路利良・黒田清隆・伊藤博文、是等は皆奸悪にして誅せざるべからず」という一節を示しただけで、あとはただ自分のような者は「山水の遊玩を是れ視るのみ」（同年六月十六日、『戊寅筆話』第一〇一話）と韜晦してしまう。譜代大名として徳川幕府の恩顧を受けてきた高崎藩の藩主であった彼は、薩長閥に反感を抱いていて、ひそかにその刺客の意見に同意しているからこそ、特に右の部分を示したのかも知れない。それだけを行って、あとは全く韜晦してしまう、というのは、その部分だけは伝えておきたい、という事の現れであろう。もし、そうだとしたら、薩長にあらずんば人にあらず、という風潮の明治政府において活動することも、彼の潔しとする所ではなかったのであろう。幸い、華族である彼には潤沢な収入がある。それならば、俗世間に煩わされず、好きな漢詩文や中国俗文学の世界に遊んでいた方が良い。かような理由のもとに、輝声は潤沢な資金を古版本の購入に当て、俗文学書を蒐集し、沢山ある余暇をそれらの閲読に振り向けたのであろう。その結果、有数の中国俗文学版本のコレクションが形成され、当時には希な中国小説通が出現したのである。

またそもそも、輝声は、なぜあのように清人と対面し筆談する事を好んだのか。中国文化を愛好し、その臭いを直接に嗅ぐ事のできる機会を得られたからだ、と言ってしまえば、それまでなのであるが、ここは輝声の肉声によって理由を窺いたい。その肉声とは、明治十一年八月に撰せられた「芝山一笑後序」である。『芝山一笑』（明治十一年、東京、文昇堂刊）とは、石川鴻斎が何如璋・張斯桂・沈文熒・黄遵憲らと応酬した詩を集めたものであるが、右の後序を輝声は漢文で記している。その要を紹介すると、

慶応年間に自分は西洋人と交りを結んで、その芸術を学んだ（陸軍奉行としてフランス人シヤノアンからフランス式兵術を学んだ）が、その為す所は精妙を窮め、物理を窮めて、人智を開く。鋭敏活潑で、孜々汲々として器械の製造に思いを凝らす。清国人はこれとは異なり、官吏として政務を行う傍ら、詩賦文章、行楽雅会によって精神を養う。故に性急ではない。だから都会の商賈や名利を求める輩は、西洋人と交るとよい。高臥幽棲、詩酒自ら娯む人は清国人と交るべきだ。自分は清国人と交る方を選ぶ。

というものである。輝声があれほどに清人に親昵した理由は、ここに明らかにされている。

清河八郎の安積艮齋塾入門

新撰組の母体となった浪士組の取り立ての決定は、文久二年（一八六二）九月、清河八郎が、土佐藩の儒者で幕政に参画していた間崎《まさき》滄浪を介して、政事総裁職松平春嶽・老中板倉勝静《かつきよ》等に働きかけた結果に成った。八郎と滄浪の親密な関係があったればこそ、この働きかけが成功したのである。この点において、八郎と滄浪との出会いは、重要な問題である。だが、両者が何時、どこで出会ったか、と言う問題は未解決のままである（宮地正人氏「新撰組をどういう構図でとらえるのか」『近世史サマーフォーラム２００６の記録』三頁）。本稿は、この問題に解決を与え、更には八郎の艮齋塾における在りようを追尋する。問題の結論を前もって言えば、両者は、嘉永五年（一八五二）に江戸の安積艮齋塾《あさかごんさい》で出会ったのである。以下、この事を詳しく述べよう。

一　東条塾から安積塾へ

嘉永四年（一八五一）の十二月二十三日、それまで東条一堂の塾で学んでいた清河八郎（二十二歳）は、此の日、安積氏に之《ゆ》き、入塾の儀法を問ふ。

（『旦起私乗』。原、漢文）

と、江戸神田駿河台の安積艮齋の塾に入門の仕方を尋ねに行った。『旦起私乗』は八郎の日記で、その自筆本が山形県立川町清川の清河八郎記念館に現に所蔵されている。艮齋は、時に六十二歳で、前年には幕府の学問所である昌平坂学問所（昌平黌《しょうへいこう》）の儒官となっている、著名な学者である。

その結果、翌嘉永五年正月二十九日には、

安積艮齋に之き、之に謁し、入塾を請ひて去る。

（『旦起私乗』）

と、八郎は艮齋に面会し、入門を請うている。翌三十日には、

先生（東条一堂）に請ひ、遂に期するに明日を以て安積氏の塾に転ずることにす。是《ここ》に於いて先生更に塾に命ずること有り。

と、二月から艮齋塾に転居することを一堂に許してもらっている。これより前、前年の十二月十七日、八郎を塾頭に命

じていた一堂（『旦起私乗』）は、さぞかし失望したことであろうが、やむなく了承し、別に次の塾頭を命じたのである。

八郎は、一堂の精密な読書能力には感心していた（『旦起私乗』嘉永四年正月二十六日）のであるが、その一堂のもとを離れて艮齋塾に行くのは、艮齋が昌平黌教官である関係で、昌平黌に入門しやすくなるからであり、昌平黌に入りたいのは、そこが当時の最高学府であり、その「典籍の富饒を慕」（『旦起私乗』嘉永三年十二月十三日）っているからであった。

二　松林飯山の入門

こうして艮齋塾に移った八郎のその後の様子を知りたいのであるが、残念ながら『旦起私乗』後編二は、嘉永五年正月三十日の記載を以て途絶えるので、それが許されないのである。それ故、少ない資料に拠りながら、その後の八郎の消息を何とか探ってみよう。

艮齋塾は駿河台の西紅梅町に在り、長屋を塾の建物として、寄宿生はそこに住んでいた（石井研堂著『安積艮齋詳伝』大正五年四月刊、六十八頁）。八郎は、ここで肥前大村藩の早熟な俊才松林飯山と知り合った。飯山は弱冠十四歳であるが、八郎から二ヶ月ほど遅れて、嘉永五年四月頃、艮齋塾に入門した。その頃、八郎が父に送った書簡の一部が『清河八郎遺芳』（平成四年、清河八郎記念館発行）五頁に紹介されている。それは、

（前略）艮齋の塾には拾八人ばかり同居仕り候。何れも九州・四国辺の者多く候。神童といわれ《ママ》、十四歳の子供、大村より此の頃、入塾仕り候。読書詩文とも成人に劣らぬ達者にて、誠に稀有の秀才に御座候。

と、艮齋塾の様子や飯山の優秀さを報告したものであった。

だが、八郎と飯山との交友が窺える資料は、嘉永六年三月に到るまで見出せない。この件に就いては一旦筆を置き、次に間崎滄浪との交友ぶりを見てみよう。

三　間崎滄浪との交友

艮齋塾の十八人の門人の内、「四国辺の者」の一人に間崎滄浪がいた。滄浪は、名は則弘、字は士毅、哲馬と称する。滄浪の父、間崎総之亮（房之助）則忠は、高知城下種崎町で医を業とした。滄浪は早くから奇童と称せられ、嘉永三年、十六歳で江戸に遊んだのは既知の事であるが、五月八日には、安積艮齋に入門した。滄浪の「友人某に与ふる書」（『滄浪亭存稿』、大正十五年六月、青山書院発行）に、「某《それがし》四月三日を以て此に来たり、五月八日を以て艮齋先生の塾に入る」と言う。やがて塾長となり、居ること四年、嘉永六年五月に帰国した。その「小林君仲嘉行状」に、「六年五月、余、江都より帰る」とある。従って、八郎とおよそ一年間ほど在塾時期が重なる事があったのである。右に挙げた『滄浪亭存稿』は、田中光顯が刊行したものであるが、その内、「斎藤公幹に与ふる書」は、艮齋塾における八郎と滄浪の交友の様が窺われる文章である。斎藤公幹が八郎を指すのは、滄浪の五言古詩「斎藤公幹の楽水楼に寄す」の題注に「公幹は、出羽の国田川郡清川の人、名は正明、清川八郎と称す」とあるに拠って明らかである。八郎は、この頃、公幹と字していたのである。次に右の文を訓読してみよう。

哲（筆者注、哲馬）曰く、昨者《きのう》、吾兄（八郎）、威卿（堤正勝、号は静齋の字）と中堂に座し、作文の法を論ず。因りて僕の文に及ぶ。古人の言を引くこと、往々切当ならずと。時に僕、疾作《おこ》り、床に展転し、夢寐髣髴に之を聞き、未だ深く思ふこと能はず。今朝、病少しく間《い》ゆ。乃ち之を平生為《つく》る所の文に徴して、而して以て吾兄の言甚だ是《ぜ》なるを知ること有り。僕の文を作る、其の終りに於いて必ず一奇異の論を為し、乃ち古人の言行を取りて以て其の説を済《な》す。是《ここ》を以て往往牽強傅《ふ》会、其の当を失す。前日作る所の深水佶序の関羽論の如き、其の尤も甚だしき者なり。噫《ああ》、人自ら其の過ちを知る莫し。僕嘗て吾兄を招いて文を論ず。爾《そ》の時、吾兄屡ば言ふ、凡そ文を作るに、古書を援引するは、切当ならざるべからずと。蓋し頗る僕を諷すること有り。而るに僕、之を悟らず。是れ僕の性愚なればなり。然れども今既に吾兄の言を聞きて之を知る。晩しと雖も亦た何をか憾まん。昔者、子路、人之に告ぐるに過ち有るを以てすれば則ち喜ぶ。其の已れに益有るを以てなり。今僕、不肖と雖も、苟くも吾兄の言に由りて、益す自ら挫折して之を鍛練し、日に其の疵瑕を知りて之を治めん。其の文に於いて或いは将に大いに進む所有らんとせん。則ち僕の吾兄の言に於ける、安んぞ得て再拝稽首して以て謝せざらんや。但だ吾兄、他日又た是れ僕が見の及ばざる所の者は、乃ち之を面言し、僕をして速かに之を改むるを得せしむれば、則ち其の賜たること亦た益す大ならん矣。世固より人の言を拒む者有り。僕自ら謂《おも》へらく然らずと。吾兄幸いに其の間に隠諱を為すこと無かれ。

哲再拝す。

八郎が堤正勝と、滄浪の文の引用法の不適切な事をあげつらい、それを傍らで病気のために寝ている滄浪が夢うつつで聞いている。八郎と滄浪の艮齋塾における、ある日の在りようが宛然と浮かびあがる文章である。八郎より四歳下である滄浪は、末尾に古人の言を引きたがる癖が感心できない、という八郎の指摘を素直に認め、参考に資するとしている。即ち兄事している態である。堤正勝は、字は威卿、通称は十郎、また省三、静齋を号とする。豊後の人。業を広瀬淡窓に受け、後、江戸に来った。明治二十五年（一八九二）十一月三日没、年六十八、と言うから、この時には二十八歳である。深水佶とは、滄浪の「深水天祐の東肥に帰るを送る序」（『存稿』）に言及されている深水天祐のことであろう。右文に拠れば、天祐は艮齋塾において滄浪と最も親しく交わった、東肥の儒医である。

間崎滄浪はまた、八郎や安積艮齋たちと一緒に武蔵の金沢に遊んだ事があった。滄浪の七古「金沢の合宜亭に、斎藤士興・園田子寧・神林恵甫と飲す、此れを賦して艮齋先生に奉寄す」に、その折の模様が詠ぜられている。士興が八郎である事は、後述の飯山の文章から自ずから明らかになる。詩は次のようなものである。

小窓如画酔中凭　小窓　画くが如し　酔中に凭る
十里湖山織綺綾　十里の湖山　綺綾を織る
松間日上白煙波　松間　日は上りて　煙波白く
島嶼点点喚欲麏　島嶼　点点として　喚べば麏《こた》へんとす
此時清興与誰共　此の時の清興　誰と共にせん
三子胸宇秋水澄　三子の胸宇　秋水のごと澄む
半日行遊著布襪　半日の行遊　布襪《べつ》を著《つ》け
千里身落神仙窟　千里　身は落つ　神仙の窟に
神仙杳杳不可聞　神仙は　杳杳として　聞くべからず
一片心随湖上雲　一片　心は随ふ　湖上の雲に

烏得小舟安几枕　烏《いづく》んぞ小舟を得て　几枕に安んぜん
先生叩舷水瀲瀲　先生　舷を扣《たた》けば　水瀲瀲《れんれん》たり
明月清風供酔哦　明月　清風　酔哦に供し
三山十洲入遊覧　三山　十洲　遊覧に入る
彩毫素絹墨涔涔　彩毫　素絹　墨涔涔《しんしん》として
織出湖上雲月錦　織り出だす　湖上　雲月の錦を

酔って亭の小窓にもたれて見る風景は画のようであり、
十里一帯にひろがる湖や山の景色は、美しい綾を織ったようだ。
松の間から太陽がのぼると、もやにけぶる波は白く輝き、
島々は点々と浮かんで、呼ぶと答えるかのようだ。
このような清らかな景を眺めている時の感興は、誰とともに味わえばよいのか、
胸中が秋の水のように澄んでいる斎藤・園田・神林君こそ、それにふさわしい。
足袋を履いて半日ほど歩きまわっていると、
海底千里の神仙の岩屋に入りこんだかと思われる。
神仙は遥か彼方におられて、声も聞くことはできないが、
我らの心は湖上のひとひらの雲のように自由だ。
どうかして小舟を浮かべて枕に休みたいと思っていると、（その望みが叶い）、

舟に乗られた先生が舷《ふなばた》を扣くと、さざ波が立つ。
明るい月のもと、涼風に吹かれて、酔って詩を吟じていると、
多くの山々と中洲が眺められる。
そこで、美しい筆を執って白い絹の上に墨を滴らすと、
湖上の雲や月が錦のように美しく描写されてくる。

この詩は、前半は高処の合宜亭で景を眺める様を言い、後半は舟に乗り、明月を迎える経緯を叙している。「先生舷を扣く」と言い、末句には「先生の遊記、天下に妙たり、故に云ふ」という注がある事からして、旅遊を好む艮齋先生がこの遊に加わっており、八郎や滄浪たちと同舟していた事が知られるのである。

四　楽水楼の詩

滄浪が艮齋塾に在る間に八郎に寄せて作った、と考えられる五古が、「斎藤公幹の楽水楼に寄す」である。

吾聞最上川　吾は聞く　最上川
北注七百里　北に注ぐこと　七百里
群山当其東　群山　其の東に当たり
大小相盤峙　大小　相盤峙す

維羽千里州　維《こ》れ羽《う》　千里の州
舟船皆由此　舟船　皆此れに由ると
広帆与長檣　広帆と　長檣と
通達一何偉　通達　一に何ぞ偉なる
六月雨滂沱　六月　雨滂沱たり
巨浪百尺起　巨浪　百尺起こる
秋天月正中　秋天　月正中《せいちゅう》
魚竜嘯不已　魚竜　嘯《うそぶ》きて已まず
及其震蕩甚　其の震蕩の甚だしきに及んでは
人不能正視　人　正視すること能はず
日月失其度　日月も　其の度を失ひ
山嶽亦移徙　山嶽も　亦た移徙す
一開還一闔　一たび開き　還た一たび闔《と》づれば
鬼神生怪詭　鬼神　怪詭を生ず
変動千百年　変動すること　千百年
莫測其所以　其の所以を測る莫し
岸上有高楼　岸上に　高楼有り
書之曰楽水　之に書して　楽水と曰ふ

借問是誰居　借問《しゃもん》す　是れ誰が居ぞと
智者東陽子　智者の　東陽子がものなり

私は聞いている、最上川は、
北の土地を七百里流れ、
多くの山々がその東に在って、
大小それぞれ聳えたっており、
奥羽の広大な土地において、
船舶はすべてこの川を通ると。
広い帆と長い帆柱との船々が、
行きかう様は、何とまあ壮観なことか。
六月に雨がざあざあ降ると、
巨大な波が百尺も起こる。
秋の夜、月が中天にかかると、
魚や竜がいつまでもうなり声をあげている。
その流れがひどく奔騰すると、
人はもう正視することができぬほど。
日も月も運行が狂い、

けわしい山々も移り動く。
流れが奔騰したり留まったりすると、
鬼神が怪しい現象を起こす。
このように変わり動くことが千年余り、
そうなる理由は測り知られぬ。
その岸の上に高殿があり、
扁額には楽水楼と書してある。
ちょっとお尋ねしたい、「どなたの住まいか」と。
「智者は水を楽しむ（『論語』）と言われるが、その智者の東陽子の物です」

後述するように、嘉永六年三月、八郎は故郷に帰省し、その際、艮齋塾の門生たちは八郎に送序などを贈るのであるが、これは、その折の詩であるかも知れない。因みに、滄浪も同じ時期に艮齋塾を引いて、土佐に帰るのであり、その事が彼の「山本連玉に寄す」の題注に「連玉は佐川の人、余、之を江都に識る。今年三月、余、江都を発して高知に帰る」と述べられている。右の詩において滄浪は、大河最上川の変幻測り知られざる様相を、大きなスケールをもって描くのであるが、それは、その岸上の楽水楼の住人である八郎の人となりの暗喩としても読むことができる。また、この頃、八郎の別の字《あざな》に東陽というものがあった事が知られる点においても、右の詩は有意義なものであろう。

五　江田霞村

滄浪の詩文にはまた、「江田子固所蔵の山水帖に跋す」の如く、艮齋塾の同門である江田子固の名前が頻繁に見える。「先生、我に長ずること二十歳、亦復た淋漓として大酔し能く歌呼す」（「江田子固と同に酒楼に飲みて放歌を作《な》す」）という句に見られる如く、滄浪は二十歳年長の子固と親しく交わっているのである。この子固は、名は重威、通称は大之進、霞村と号し、陸中遠野の人。帰郷した後は邑校信誠堂を興し、明治十七年（一八八四）三月二十一日、七十歳で没した。八郎には十五歳年長であるが、別に述べるように[1]、逃亡中の八郎を遠野において親切に遇した、侠気ある人物である。在塾中、八郎と親交があった事が推して知られる。

六　八郎の対外関心

安積塾に来てからも、八郎は熱心に学問と剣術を続け、相変らずの書生なのであるが、以前と変わったのは、海外へ大きく関心を向けていることである。その事は、翌嘉永六年（二十四歳）正月十七日に父に宛てて書いた書簡（大川周明著『清河八郎』昭和二年刊、二十七頁）に明瞭に見出せる。

> 国元にても嘸《さぞ》噂も有御座《ござあり》候へ共、昨冬エギリス国より和蘭陀《おらんだ》を以て取次として、公儀へ交易の願申出し、殊に伊豆沖八丈島を拝借いたし度《たく》、何《いつ》れ明年四月頃、浦賀表まで御返事承《うけたまは》りに此方より可罷出段申来《まかりいづべきだんまうしきたり》候故、公儀にても

> 殊の外海防の御手当《てあて》厳重に被致《いたされ》候。……万一、八丈島など彼の手に入候ては由々敷《ゆゆしき》大事に御座候。日本は小国といへども武威の国故、外夷ども殊の外恐れ、容易には手を出し不申《まうさず》候へ共、太平年久しく四民自然とゆるみ候故、此隙を伺ひ乗掛け来るやも難図《はかりがたく》、何分当年の中には兎《と》にかく異船可来《きたるべし》と申すことに候。以前の御觸には若し異船近づき候はゞ、子細に及ばず打払《うちはらひ》可申《まうすべき》筈なれども、今度の事は容易ならぬ事故、麁忽《そこつ》の働は相成《あいなる》まじく、穏便の御返答に可有御座《ござあるべし》と被察《さつせられ》候。殊に清朝などは初め余り手荒くあしらひ候故、大事を引出し候へば、我国にては深慮可有《あるべき》ことに御座候……

これは、米国のペルリの浦賀来航の予定が英国・オランダを介して予告されて来ていることを報じたものである。八郎は、黒船来日の情報を、庶民に遥かに先んじて獲得していたのである。ただし、この時の八郎は、実際に外夷を目睹してはいないので、その傍若無人ぶりを実感することは無く、従って洋夷を憎悪することも無く、それどころか、穏便に洋夷に接すべし、との意見を、鴉片戦争の例を引き合いにして説いているのである。

七　八郎の帰省

この嘉永六年の三月、八郎は帰省するのであるが、その送別に際して松林飯山は、「斎藤士興の出羽に帰るを送る序」を八郎に与えている。これは、一堂塾や艮齋塾の門人たちの送序を集めた『同学送言巻』に収められ、その書影が『清河八郎遺芳』五頁に掲げられている。その年次は、「嘉永癸丑（六年）春三月」であって、即ちこの時に八郎が帰省した事が判明する。その文は、『飯山文集』第一・二編（昭和十二年七・十一月、勝岡廓善刊）にも収められていないから、ここにその訓読文を掲げる。

世降れば則ち人衰ふ。豈其れ時勢の然らしむる所なるか。蓋し我が邦上古の時、天下の士民、皆淳朴敦厚、而して義を尚ぶ。降りて中古に至りては、天下、古に及ばずと雖も、而も古の余風遺烈、猶ほ存す焉。又降りて而して今に迨《およ》べば、則ち天下の俗、相率ゐて以て軽薄に帰し、士気亦た従って振はず。歎ずるに勝《た》ふべけんや。独り奥羽の二州、東北の隅に係り、土厚くして俗□、其の人は皆朴実、而して豪勇も亦た天下に聞こゆ。蓋し東方□□□□の気を禀けて然るか。余、一たび奥羽の人を得て、而して之に交（数字不明）。壬子の歳（嘉永五年）、余、斎藤士興と始めて江都に識る。士興は出羽庄内の人なり。其の状皃《じょうぼう》は雄偉、遽《にわ》かに之を見れば畏るべきが如し。久しくして温温喜ぶべし。其の心事は磊落、喜怒を以て意に介さず。専ら經書に志し、旁ら文章を善くす。撃剣は尤も其の長ずる所なり。士興、余に長ずること九歳、經学文章、余常に教えを受くることを得たり焉。嗚呼、余と士興との交はりは、之を求めて得、又従って教えを受く。其の別れに於けるや豈一言以て之に贈るもの無からんや。頃者《このごろ》、竊《ひそ》かに聞く、英夷将に我が辺を窺はんとすと。苟くも其の言信ずべくんば、必ず將に虜兵十万、蒙艟《もうどう》を列ね大礮《たいほう》を連ね、旌旗天に飄へり、鉄衣海を蔽ふて至らんとす。果して此《かく》の如くんば、四方の諸侯、幕廷の命を奉じ、中国（日本を言う）の雄武を以て、彼の罪を伐ち、一鼓にして之を撃たん。何の捷《か》たざることをか之れ憂ふるに足らんや。士興、東方の豪勇を以てして、又た武技に長ず。他日、天下の衆に先んじて疾進し、矢石を冒し白刃を踏み、而して虜兵を殲《ほろぼ》して以て朝廷を安んずる者有るを聞かば、士興に非ずして誰ぞや。是れ余の士興に望む所以なり。士興、其れ之を勉めよやと。士興曰く、是れ吾が志なりと。乃ち書して以て士興を送る序と作《な》す。

士興が清河八郎であることは、出羽庄内の人、ということから自ずから明らかになる。次に右の文を読むと、嘉永六年三月は、ペルリの浦賀来航に先んずること約三ヶ月前だが、前引した八郎の言葉に比べると、九歳年少の飯山のそれは、随分と戦闘的である事に気づく。八郎の一応の抑制を心得ている態度とは、大きく異なるのである。飯山に拠れば、自分のこの気鋭な言葉に八郎も同意した、と言うのであるが、それは単に八郎が飯山に調子を合わせたのに過ぎないのかも知れず、軽軽に八郎の洋夷に対する思想が二ヶ月後には変化した、と言うことはできないであろう。ただ、八郎たちの視線が、この時には専ら海外に向けられるようになっていたことだけは確かである。

八　滄浪の病気

ついでに、八郎と滄浪とのその後の関係について、『滄浪亭存稿』から知られる事を述べておこう。

安政四年（一八五七）の秋の頃、土佐に在った間崎滄浪が、病中に八郎のことを思い出して、詩を江戸にいた八郎のもとに寄せて来た。五律「病中に月に対して清河士興を懐ふ」（『存稿』）が、それである。

素抱無同調　素抱　同調無し
孤光対独斟　孤光　独斟に対す
凄涼風露下　凄涼たり　風露の下
此夜為君深　此の夜　君が為に深し
墨水梅花雪　墨水　梅花の雪

東台松桂林　東台　松桂の林
旧遊那可説　旧遊　那《なん》ぞ説くべけん
一別五年心　一別　五年の心

ここ土佐では、平素の私の思いを理解し、賛成してくれる者がいない。
ただ月だけが独りで酒を斟んでいる私に向かいあっている。
涼しい風と露のもと、
今宵は君を偲んでふけてゆく。
昔、君と雪の日に隅田川で梅の花を見たっけ。
東叡山の松や桂の林では月見もしたなあ。
そうした遊びの思い出は、今更語れようもない。
別れてから五年もたってしまったのだなあ。

滄浪が八郎と江戸で離別した嘉永六年（一八五三）三月から足かけ五年、というと、安政四年（一八五七）になる。
また、第三句から、この詩は秋に作られたもの、と推量される。安政四年秋と言う所以である。郷国に在って理解者が得られない滄浪は、反射的に昔、艮齋塾で心事を吐露しあった八郎の事を想い出しているのであるが、そうした一体感こそが、後年の浪士組取り立て決定に際して八郎との協力をもたらした一因になるのであろう。

補記

（1）　筆者は、『明治大学教養論集』通巻四一八号（二〇〇七年三月）・四二五号（二〇〇八年二月）・四三〇号（二〇〇八年三月）に「安積五郎と清河八郎」を連載しており、いまだ継続中である。併せ読んで戴ければ幸いである。

町井台水の「南討紀略」
——天誅党逮捕に関する貴重な史料——

一　天誅党の乱と「南討紀略」

文久三年（一八六三）の天誅党の大和義挙は、尊王攘夷激派の最初の討幕の挙兵であり、一箇月以上も戦闘体制を維持して幕領防衛の弱体ぶりを暴露し、平野国臣らの生野挙兵を導いた事件として著聞する。

それは、初め真木和泉《まきいずみ》や長州藩士が立てた攘夷親征計画を受けて、朝議が八月十三日に大和に行幸することを決定したが、これを機に松本奎堂（三十三歳）・藤本鉄石（四十七歳）・吉村寅太郎（二十六歳）らが別に大和挙兵を計画し、元侍従中山忠光《ただみつ》（十九歳）を主将として擁し、土佐・因幡・久留米・肥後・水戸などの脱藩浪士三十余名を集めて決起したことに始まった。

彼らは発詔の八月十四日に義軍を起し、十七日には大和五条の代官所を襲い、代官鈴木源内ら五人の首級を斬り、代官所支配地を朝廷の直領として、年貢を半減することを布告したが、翌十八日、京都朝廷は親征を中止し、三条実美ら七人の公卿を黜《しりぞ》け、長州藩の京都警備を免ずるという政変が生じ、ために天誅党は大義名分を失って幕府から討伐されることになり、約一箇月、追討諸藩兵と高取城・十津川郷・吉野山中で戦闘したが、敗戦となり、諸士は討死または逮捕され、中山忠光ら七人は九月二十七日、大阪の長州藩邸に逃れ、更に海路、三田尻に下った、という形で終熄する。

　この事件の史料は、管見の範囲では小寺玉晁の『東西紀聞』に集成されており、概略は馬場文英著『元治夢物語』（元治元年刊）四、安田照矩編輯『慶弘紀聞今日鈔』（明治二年序）六、山口謙著『校補近世史略』（明治八年再刻）一、関機著『近世日本外史』（明治九年刊）六、岡千仭著『尊攘紀事補遺』（明治十七年刊）三、大岡昇平著『天誅組』（昭和五十二年刊）等に述べられている。主将中山忠光の詳伝としては、正親町季董《おおぎまちきんただ》著『明治維新の先駆者天忠組中山忠光』（昭和十六年刊）が備わり、松本奎堂の伝記には、森銑三著『天誅組の総裁松本奎堂』（昭和十八年刊。昭和四十六年『森銑三著作集』第六巻に「松本奎堂」と改題して所収）があることは、よく知られている。

　天誅党の内部からの記録としては、伴林光平《ばんばやしみつひら》の『南山踏雲録』、久留米藩の半田門吉の『大和戦争日記』（ともに『維新日乗纂輯』三所収）が存することも、よく知られていよう。

　右の諸書によって、事件の概要は、一応知られるのではあるが、しかし、天誅党を討伐する諸藩の側から見た史料は、殆ど知られていないし、活用もされていないようである。しかるに、ここに討伐を命じられた藤堂藩の砲術教師であった町井台水に漢文集『台水先生遺文』（乾坤二冊。大正六年刊）があって、その坤巻には「南討紀略癸亥」と題せられた長文（約二十丁、一万二百字）が収まるが、それは、台水が天誅党の敗残の兵を捜索逮捕した時の記録である。これは台水が愛読したという『春秋左氏伝』ばりの名文をもって事実が正確に記されており、しかも情景描写に深く鋭いものがあって、簡潔な行文からその場の具体的な状況や人間性が浮かび上ってくる底の臨場感を備えており、小説としても読めるほどの具象的な面白さを備えている。その上に、前に挙げた諸書には記されていない、天誅党の少からざる士の人となりや、捕縛される時の状況等が記されているという、史料としての貴重性を十分に備えている。

このように貴重で面白い史料が殆ど活用されていないのは、それが漢文で記されており、『台水先生遺文集』というような、近人が殆ど着目しない近代漢文集に収められていたからであろう、と考えられる。そこで、ここに「南討紀略」をほぼ忠実に現代語訳する貌で紹介し、前に挙げた諸書の記事と照応関係が見出せる部分には注を施すことによって、その史料としての貴重な価値を浮かび上らせる、という作業を行うことによって、「南討紀略」を顕彰しようとするものである。再校直前に、久保田辰彦著『いはゆる天誅組の大和義挙の研究』（昭和六年、大阪毎日新聞社刊）を購入し、その第十七章「各自に退路を求めて」に、町井台水の『討賊《ママ》紀略』（写本）を用いていることを知った。ただし、それは「写本」というだけに、『台水遺文』「南討紀略」の本文と大分異同がある（たぶん、それは決定稿の前の草稿の写しであろう）。また、それは訓読による部分的な摘記であり、全文の紹介ではない。そこで、本稿のような決定稿全文の現代語訳も、存在意義を有すると考える。

町井台水は、名は義道、字は酔伯、幼名は八治、後、治と改む。台水は号。天保八年（一八三七）十月二十二日、伊賀上野に生まる。父貞治の長子。砲術を修め、中内樸堂に入門して経史を習う。廃藩置県の後は、三重県の権中属を経て、三重県荅志・英虞・名張・伊賀郡長などに任ぜられる。明治三十九年六月卒す。享年七十歳。著に『猶賢社文鈔』『今体文式』等がある。

二　討伐への決意

文久三年（一八六三）九月、伊勢安濃津《あのうつ》の藤堂藩の砲術教師兼撒兵《さっぺい》分隊長である町井台水（二十七歳）は、撒隊（以

町井台水遺影

雑

南討紀略 癸亥

文久三年。癸亥九月。余率撤隊三十人討天誅隊。初諸藩亡命浮浪人。聚于輦下。欲擧大事。事敗。走據于大和南山。嘯聚近封無頼子弟。又驅民丁爲兵。兵幾一千餘人。自稱天誅黨。勢甚猖獗。於是朝議敕近國諸藩討之。我藩亦與焉。我二帥藤堂新七郎。藤堂玄蕃。率番手隊入大和。先是世子朝于京師。撤隊長磯崎仲之丞。隨衛其駕。余以其爲分隊長。亦屬焉而在京師。九月七日。和田銃戰之報至。曰。撤兵勇戰。冠于

「南討紀略」書影

下、歩兵隊と訳しておく）三十人をひきいて天誅党討伐に赴いた。

当初、諸藩から脱した浪人たちが京都に集まり、攘夷親征の大事を行おうとしたが失敗に終り、走って大和の山々に拠り、近隣の無頼の子弟や民間人を呼び集めて兵とした。その数は一千人余りとなり、みずから天誅党と称して、勢いは甚だ振った。そこで朝廷は近国の諸藩に詔を下して、これを討たせることにし、藤堂藩もまた与ったのである。藤堂藩では二人の将帥、すなわち藤堂新七郎と藤堂玄蕃が番手隊をひきいて大和に入っていた。

これより前、藩の世子（筆者注、高潔《きよ》）は京都に上り、歩兵隊長の磯崎仲之丞は、その行に随っていた。台水も分隊長であったので、それに伴って京都に在った。

九月七日、和田の銃戦(1)の報が台水たちのもとに至った。それには、藤堂藩の歩兵の勇戦ぶりは、諸藩の軍に冠たり、とあった。

藤堂藩の兵制は、歩兵の中から良い者を抜きんでて歩兵隊を作ることになっている。で、歩兵隊はいつも、歩兵を子供扱いしていた。ところが今、その歩兵が勇戦したというので、歩兵隊の人々は、これを妬み憤らない者はなかった。やがて、巷間に誤った噂が伝わった。それは、藤堂軍は険しく狭い地勢のために快調に進撃することができず、歩兵もまた甚しく疲れている、というものである。歩兵隊の人々はこれを聞いて、腕を扼して言った。

「小僧どもに何ができる。我々が代ってやれば、きっと速かに大勝利が得られよう」と。

ある晩、歩兵隊の四、五人が『孫子』を読んで、語句の意味を論じあい、その当否を私に質問した。私は罵って言った。

「敵軍が間近に在るというのに、語句の意味をつついておる。何と現実離れしておることか。君らには耳が無いのか。歩兵たちが大和を転戦しているのを聞いていないのか。彼らが凱戦する日に、錦の衣を着て国元で誇ったら、君らはいくら尻ごみしても、しきれないぞ」。

皆は奮然として書籍を放り出して言った。

「小僧どもが我々の上に立ったなら、我々は国の人々に何の面目が施せようか。どうか賊軍が戦いやめないうちに、一戦を交えて首領の首を斬って、小僧どもに侮られないようにさせて下さい。勝てなければ、いさぎよく戦って死ぬまでのことです。」

その座には小頭の柘植嘉兵太宗信、伍長の町井久馬郎貞教がおった。いずれも勇敢であり、征伐したいという。私は言った。

「向う見ずな勇気は、私は買わない。どうかよく〳〵考えてほしい。」

一座の者は腕まくりして相談し、その舌鋒は鋭い。私は、言った。

「君たちの志は分った。けれども、八十人の内、私と生死を同じくする者は何人いるのか。まあ試みることにしよう。」

皆は、そこで就寝した。

翌朝、貝増嘉藤次庸重に人々を試みさせることにした。庸重は長刀を佩びており、鐔《つば》がことに大きい。それを見る者は舌を吐いて驚く。人は彼を呼んで「鐔《つば》」といい、名を言わない。庸重は人々に語った。

「聞くことには、天誅党は渋谷某《なにがし》を藤堂軍に来させ、我が軍はこれを虜《とりこ》にした(2)、と。その答使を派遣しようと思うが、人が見当らない。豹は死して皮をのこし、士は死して名を留めるという諺は、諸君も聞いていよう。諸君はどうして自薦して行こうとしないのか。」

河村新次郎亨が言った。

「我が方で敵の使者を虜にしたのならば、敵もどうして我が方の使者を虜にしなかろうか。これは、必ずや死ぬだろうこと、虎穴に入るよりも危ういものがある。」

竹島熊之助忠正は、言う。

「大切に育てられた者は盗賊の手には死なない。犬死には私の願う所ではない。」

大井健次郎景盛と仲沢蔵重正は、言う。

「八十人の内に一人も死を決する士がいないのは、歩兵隊の恥であること、これより甚しいものはない。諸君が行かないというのならば、私が行こう。」

河村亨が私の部屋に入ってきて、いきなり尋ねる。

「答使というのは、どんな物でしょうか。三尺の剣でもって虎を殺すべき時には殺すことができ、三寸の舌でもって虎の口から逃れるべき時には逃れることができる、という具合に、ただ自分のしたいようにすることが許されるのでしょうか。それともまた、用件を伝えるだけで事足りるのでしょうか。もし用件を伝えるだけで事足りるというのであれば、亨が務められることではありません。」

私は言った。

「これは、庸重が君をためしているのだ。君は私の左右の手だ。どうして勇気を疑うことがあろうか。」

亨は去った。庸重がやって来て、こまごまと言う。

「景盛と重正は、いわゆる鉄の中では良い音のする者です。ほかは皆、小粒で人にくっついて事を行う者です。けれども、御自身が立ちあがられたならば、虎の巣でも湯や火の中でも辞さない者が、きっと三十人はおりましょう。」

そこで、私は小頭に相談した。小頭も言う。

「三十人はおりましょう。」

伍長にきくと、伍長も言う。

「三十人はおりましょう。」

時にある者が伝えた。十四日の(3)天野川《あまの》の辻の戦いには、歩兵が先駆けした、と。更に言う。

「天誅党は敗走して絶険に入り、死守すること甚だ固い。」

歩兵隊の皆々は踊躍して言った。

「天がその絶険を借し与えて、我らに功績名誉を賜るのです。どうか速やかに駈けつけて下さい。」

そこで私は意を決し、書簡を我が用人島川総蔵に送っていった。

義道が聞くに、一日軍を暴れさせれば、数世にわたって弊を残す、と。ただ今、小童《こわっぱ》どもが大和の南山に拠り、その天然の要害を恃んで、こそ泥のような知恵を働かし、小賊のような勇を馳せておりますが、その技倆は浅はかなものです。しかるに、我が藩の軍は勅命を奉じて、諸藩の軍とともにこれを攻めて、もう二十日間たちましたが、いまだ凱戦できず、その弊害をいかんともできません。また聞くに、敵は多しといえども、闘える士は百人を超えないと。たとい我が藩の軍だけでもって、これを滅ぼしたとしても、勇壮だとするわけにはいきません。況んや数藩の軍でもって速かに討てなければ、天下はこれをどう思うでしょうか。その上に、天下の無頼者や悪少年が、このような有様を見たならば、きっと蟻や蜂のように群がって来ましょう。そして黄巾や赤眉の賊が、また〳〵今日に起ってくるかも知れません。そこで義道はひそかに思いますに、速かに討たなければいけません。そもそも険害に拠る者は、馬服君（戦国時代、趙の趙奢の封号。『史記』趙世家）がいう所の「虎穴に闘う」、鮮虞がいう所の「一は一とこれ闘う」（『左伝』襄公二十五年）という者であって、死を覚悟した者（「死士」）でなければ任せられません。そして、死士は多くは得られません。けれども、死士は多くを用いなくても十分です。源頼光が大江山の賊を討った事に、はっきりと見られる通りです。どうしてその多くはいないことを憂えましょうか。義道は歩兵隊をなつけていること、ここに三年になります。八十人の内で三十人の死士を得られましょう。どうか願わくは、義道にこの三十人と一緒に行かせて下さい。必ずや一ヶ月以内に、小童どもを斬って、勝利を報告いたしましょう。できなかったならば、義道らは一死もって国家に報ずるだけであります。論者がいうことを聞くに、軽装備で要害を攻めると必ず大勢を傷つける、遠くから囲んで糧道を断つに越したことはない、と。義道が思いますに、遠くから囲んで糧道を断つと、敵は逃れられないことを悟るでしょう。とすると、それは追い詰められた敵軍です。窮鼠、猫を噛むで、我が軍は大勢が傷つけられるでしょう。敵が死を覚悟して包囲に突入して来た時、立派な大藩にして、万一、大勢を傷つけ、小童どもを逃したならば、天下の物笑いになるのは避けられません。内には自軍を甚だしく荒ませ、外には朝廷や幕府から譴責せられることは確かです。速かに討たなくてはなりません。時はもう末の秋（陰暦九月）で、厚い氷や大雪は、敵に害を与えますが、我が軍にも不利であります。我が軍が敵を討つのは、実にここ一ヶ月以内のことでありましょう。若殿の身辺には、磯崎歩兵隊長がおって、五十人がこれに属しており、万一の事に備えております（私が離れていても大丈夫でありましょう、の意）。強いて衷心を披瀝しました。閣下がこれを図って下さるならば幸いであります。

三　出　陣

九月二十三日の夜、若殿は近衛殿（忠熙《ただひろ》）の邸にいらっしゃり、歩兵隊数十人が従っている。私は新在家《しんざいけ》の陣営にいた。午後八時頃、若殿が私を召し出し、わざわざ大和への討伐を命じられて、おっしゃった。

「そちの一隊は、両将（藤堂新七郎・玄蕃）の指揮を受けなくてもよい。もっぱら自力を尽して自分の志を遂げよ。」

私は喜び勇み立って陣営に帰り、歩兵隊長と相談し、三十人を抜擢した。ほかに鼓手一人を選び、命じて軍装をなさしめた。大導寺好徳は病んで堀川の藩邸で寝ていたが、私が藩邸に行くと、身を躍らして蒲団から出ていった。

「好徳は不幸にも病気になりました。しかし、戦場で死ねないことを日夜恐れております。今晩、大和討伐の命令が下ったと聞いて、身心ともに頗る快くなりました。」

そして、飛びはねたり屈伸したりして、働けることを示す。丁度、ある者が病いのため辞退したので、好徳をこれに代えた。

鼓手の村島金之介は、十七歳になったばかりだが、泣いて随行することを乞うた。が、許可しなかった。

小頭や伍長で私に従っている者は、いずれも言った。

「勇士が敵におもむく際には、もとより再び都で酒をくみかわそうとは思わないものです。」

そこで十羽あまりの鶏を屠《ほふ》り、痛飲し悲歌した。

午前四時（九月二十四日）に、すばやく出発し、正午には長池《ながいけ》に至って、炊飯を命じた。庭池に鯉が飼われているのを見て、刀を抜いて、その最も大きな者十四余りを切り、刺身とした。柘植宗信がいった。

「我が軍は必ずや敵を斬って、この鯉のように刺身としてやろう。」

一同は、痛快だ、とたたえた。

夕方、奈良を経て、古市《ふるいち》の藩邸に到った。奉行の深井源太左衛門は病気なので、用人の平井杢右衛門が津《つ》城から来て、事を助け視ている。彼は私に天誅党の近状と吉野山の地勢を語ってくれる。

「ただ今、後軍の将は五条におる。一方、天誅党は鷲家《わしか》にいる。鷲家は東南に当り、五条は西南である。今、敵を求めて五条に赴くことは、轅《ながえ》を北に向けて南方の楚に赴くようなものだ。そなたは、その矛先を東南に向けるべきだ。また、鷲家は十里以上離れ、険しさも甚しい。ここより三里行くと、桜井駅である。駅には老役人がおって、敵情や地勢に詳しい。そちは彼と相談して、それから体に甲冑を付け、銃に弾を込めればよい。後軍の将は、藤堂玄蕃という。」

私はうなづいて去り、旅館に投宿した。

四　天誅党の逮捕 (一)

九月二十五日早朝、私は考えた、重い物を背負って険しい所を登るには、体力をつけなくては駄目だ、と。そこで宿駅の人夫を出して、銃・甲冑・槍といった物を持ち運ばせ、帯解《おびとけ》に道をとり丹波市《たんばいち》駅に到った。そこで昼食を出すと、兵は皆よく喰べて、随分時間を費した。私が箸を投じて起つと、木津芳次郎寿だけが従った。私は皆を見やって言った。

「私は取りあえず桜井に向かう。早く後を追って来るがよい。」

十四、五町も行くと、天誅党の五人に出遇った。一人は駕籠に乗り、四人は歩いている。いずれも大刀を差し白鉢巻をし、髻《もとどり》をほどいて髪を風になびかせている。木津寿がうろたえて言う。

「天誅党が来ました。」

私は叱った。

「でたらめを言うな。天誅党は厳重な包囲の内に在るはずだ。どうして抜け出すことができようか。知らない振りをせよ。」

で、笑い語りながら行くと、天誅党は私が陣笠をかぶり鎧かたびらを着ているのを見て、盗み見したり、ささやいたりして通り過ぎる。四、五町隔ってから、私は戻ってこれを尾行すると、権現浦に到る頃、私の部下たちが十四、五人やって来た。天誅党は、これを避けて民家に入り、障子に穴を作って覗いている。それなのに、部下たちはこれに気づかない。

私は小頭の柘植宗信・秋田信貞に言った。

「刀を帯びた者が、いま外に駕籠が置いてある家に入った。その名と出身とを問うがよい。」

そうして一同に眼くばせし、闘う仕度をするよう促がし、黙ったまま鞭を数回あげた。一同は天誅党の人数を知らず、その上、宿駅の人夫が遅れて、銃・弾丸・甲冑・槍がすべて来ていないので、うろたえて狂ったようであった。二人の小頭が戻って来て言う。

「刀を帯びた者は、名も出身もいわず、ただ山陵の役人だといい、顔つきは大層怒っており、言葉も大層早くて、質問できそうにありません。」

私はそこで陣笠をぬぎ、家に入って様子を見た。朱鞘の者が目を怒らし刀を押えて、にらんで立っている。顔が広く片目の者（「濶臉眇者」）がその左に立ち、頬がこけて片目の者（「削頬眇者」）が、さらにその左に立っている。二人の片目の者は、ともに痘痕《あばた》が満面にあり、顔色ではその喜怒を窺うことはできない。ただ目の光だけは烱《けい》々と鋭く、人を射るようだ。私もまた片目(4)であり、火傷の跡と痘痕とが顔じゅうに混じっており、二人の片目の者に向って立っているので、三人なのに三つの目だけで、その醜悪さは亡霊のようである。駕籠で来た者は手拭いで頭を包んで臥しており、病んでいるようだ。

私はお辞儀して言った。

「あなたたちは山陵の役人ということだが、慎しんで職名をお聞きしたい。名と出身もお聞きしたい。」

朱鞘が言う。

「我々の名と出身を聞くのは、なぜだ。」

「我が藩の御主君は、辱けなくも天誅党討伐の勅をお受けし、謹しんで軍を派遣し、拙者をこの方面につかわした。そもそも天誅党も諸藩の士も、ひとしく刀を帯びており、外見では区別することができぬ。こういう訳でお尋ねする。」

朱鞘が声をはげしくして言った。

「勅を奉じている藩士に疑われているからには、もはや何を言おうか。ただこの首の血でもって従者をねぎらうだけだ。」

二人の片目の者も、やはり刀を押さえる。

私は居ずまいを正して言った。

「あなた方は、どうしてそんな事をおっしゃるのか。あなた方は、ちゃんとした山陵のお役人ではありませんか。それは、どうしたって疑えません。けれども、あなた方が名と出身をおっしゃらないから、私も弁護しようがありません。」

そういうや否や、宿駅の人夫がやっと到着した。部下たちは争って銃を取り、銃の包みを噛んだり、突棒《つくぼう》をまわしたりして、大層やかましい。私は見やって叱った。

「お前たちは、何と無礼なんだ。山陵のお役人に失礼なことをする者は斬るぞ。」

天誅党は、手をおさめて腿の上に置いた。

私は、ゆるやかに言った。

「武骨者たちで、礼儀を知りません。お許し下さらば幸いです。我が藩の奉行は古市におられます。願わくは、あなた方が古市の藩邸にお出いただくことを。私は命令に逆らえませんから、そのようにしないと。」

顔が広い片目の者が言った。

「よろしい。我が輩がまず奉行と話してみよう」

私は言った。

「私が至らぬ故に、あなた方に、藩邸にいらして戴く。どうして歩かせられましょうか。駕籠を命じて、私がお伴いたしましょう」

そこで下僕を走らせて、駕籠を丹波市の役人に命じた。顔の広い片目の者が言う。

「我々はみな健脚です。ただし一人の病人がおるので、一丁の駕籠を借りるだけで十分です」

私は言った。

「あなた方は歩くことを厭わないでしょうが、それでは私が失礼になってしまいます。私は軽輩ではありますが、やはり我が藩の御主君の一家臣であります。私の失礼は、御主君の失礼でもあります。私は、御主君のことを考えてお願いしているのです」

皆、私の願いを聞き入れた。

木津寿は、いささか味方が増えたのを頼みとして、大層元気になり、踏み込んで来て言う。

「先ほどは五人に出会ったのに、今は四人になっておる。どういう訳だ」

私は、その言葉が不遜なので、目くばせして黙らせようとした。寿は、気がつかず、銃をさげて家の中を捜し求めている。

顔の広い片目の者が言った。

「いま一人は私の下僕だ」

そして、

「恆助、恆助」

と呼んだ。一人が腹ばいして便所から出て来る。顔は土気色で、ぶる〴〵震えて、口がきけない。天誅党は皆、大笑いした。

その時、私の部下で遅れてやって来た者が、大声をあげながらやって来て、

「早く家を囲め。早く首を斬れ」

と叫ぶ。私はこれを聞いて、愕然とし、外に出て叱って、これを止め、また家に入ってあやまった。

久しく待ったが、駕籠は来ない。天誅党は言った。

「我々はともかく前の駅へ行きます」

そこで、私は部下を分けて前後左右に置き、五人を中にして進んだ。進んで駅の手前二、三町まで到ると、駕籠が来た。時はもう午後四時前である。頬がこけて片目の者が手を額にかざして日を仰ぎ、顔が広く片目の者に何かささやいた。そこで、顔が広く片目の者が駅を指して小頭に言った。

「我々は、あそこで飲もうと思う。時間を下さらば有難い」

私は答えさせた。

「既に一人を走らせて、古市にあなた方が寄られることを知らせ、酒飯を用意して待たせている。もし、あなた方が空腹で駕籠に乗れないというのならば、にぎり飯を差し上げよう」

顔の広い片目の者が言った。

「そういうことであれば、古市に行って御馳走になろう」

四人とも駕籠に入った。独り恆助だけが入らないで、言った。

「下僕がどうして人様の肩を働かせられましょうか」

一つの駕籠に六人の駕籠舁きがおり、駕籠は翼がはえたように早い。この時、私はひそかに思った、天誅党は豺《やまいぬ》のように勇猛であり、狒《ひひ》のように狡黠ではあるが、もはや我が落し穴に落ちた、もう何もできない、と。

この時、桜井の役人が古市に告げる書翰を入手した。それには、天誅党の大勢が、逃れて丹波市に向っている。攻撃して逃すな、とある。私はまた思った、今、部下を分けるのは良計ではない、先に駕籠の中の者を殺して、それからこれを待ち受けよう、と。そこで、駕籠の間を七〇メートルほど隔たらせて、駕籠ごとに六つの銃を配し、一列として発射に便利なようにし、ひそかに命令を下した。

「合図の銃が鳴ったならば、皆一斉に駕籠の中を撃て。ただし、どの駕籠もまず三発撃ってみて、それでもなお死なない者がいたら、ふたたび三発撃て」

命令し終ると、舁がせて丹波市駅に入ったが、見物人が垣のようであり、ひとたび撃てば必ずや見物人二、三人をも併せて殺すであろう。私は考えた、この駅は我が藩が治めている所で、我の命令のままになる、と。そこで、小頭に命令を伝えさせた。

「早く家の中に入れ。出ようとする者は斬るぞ」

小頭が命令を伝えないうちに、駅伝がにわかに到着した。天誅党で丹波市に向う者とは五人だけだ、現在、芝村侯(5)に誰何されている、思うに虜とされることであろう、と。そこで、駕籠の中を銃撃することは、そのまま中止された。

柘植宗信、中村逸平保定は歩きながら相談して、

「駕籠の中の者で、もう芝村藩の市街を通っている者は、芝村藩では捕えることができないだろう。これから来る者も、はたして虜とすることができるだろうか」

と言い、そこで私に頼んで言う。

「天誅党の武器は劣り、我々の武器は優っています。そして劣った武器に対して先に銃を撃ち、その後に刀を手にして攻めれば、一人で敵の二人に当ることになる。我が軍の五人は敵の十人に匹敵する。十をもって五を討てば必ず勝ちます。我々の内、五人がここに留まって敵を待ちましょう」

森島喜三郎重賢、沢美造盛誠、河村亨が、ともに宗信・保定と一緒に留まることになった。私はこれを壮とし、ほかに中島保之助永貞・中村貞之助保良・井岡儀右衛門義和・中原養郎勝治・川村慶次保之の五人に命じて応援として、これを戒めて言った。

「必ず銃撃せよ。応接の言葉はゆるがせにしてはならぬ」

十人は、そこで丹波市に留まった。

これより前、人を古市に走らせて、五人の事を報じておいた。それは天誅党が剣を押えて私に迫っていた時の事であったので、その人は、

「もう闘っています」

と報告していた。古市ではたちまち大騒ぎになって、郡長の山本牧之進が甲冑の者数十人をひきいて大声で叫びながら応援に来た。牧之進は背丈が高く、歩幅が大きくて、声は破鐘のようである。従う兵は遅れて、呼びかけながら走っている。私はその兵を得て、これを二分し、一方は駕籠を警戒させ、一方は丹波市駅を応援させた。

この時、頬がこけて片目の者は騙されたと思い、顔が広く片目の者と呼びかわして語りあう。

「我々は古市で捕えられるだろう」

そうして、文天祥の正気歌《せいきか》を朗誦する。それは悲壮で感慨深く、駕籠のかたわらの人々は、ために涙を流している。

かさねて使いの者に古市に報告させた。が、誤って報告して、

「すべて生捕りにしました」

と言う。かくて古市は静まった。駕籠が役所の門に入ると、役人が見て驚き、走って奉行に告げる。

「天誅党は生捕りにはなっていません。いずれも駕籠の中で大刀を撫でております」

役所中がまた騒ぎだした。私が入ると、平井杢右衛門が尋ねて言った。

「天誅党は刀を撫でておる。これを取り調べることは、どうしたものか」

「取り調べなど、何の必要ありましょうか。彼らを座に召し、礼をもって待遇し、威厳を示して、勅命が重いことでもって諭して、彼らに自分からその刀を差し出して、罪を待たせるようにするのです」

「宜しいだろう」

杢右衛門は、この事を深井源太左衛門に相談した。源太左衛門は中風を病んでいて、どもって言う。

「窮鼠、猫を噛むで、きっと専・聶《しょう》（専諸と聶政。春秋戦国時代の刺客）の謀があるじゃろう。この老人は、ほ、ほ、臍《ほぞ》を噬《か》むことを望まぬ。に、に、庭で取り調べようと思う」

私は言った。

「拙者は、彼らを山陵の役人として待遇したのです。どうして盗人扱いなどできましょうか。その上、歩兵隊でもって取り囲んでいるのです。彼らがどうして我らを混乱させられましょうか」

役所の役人は皆臆病で、恐れること甚だしく、とうとう盗人を取り調べる仕方で訊問することになった。私は、勇敢で膂力のある竹島忠正、貝増庸重、倉田喜久右衛門保光の三人を選んで、刀を奪う術《すべ》をあらかじめ教えた。

それから出て、天誅党に会って言った。

「あなた方、役人に会って下さい。拙者が案内しましょう」

天誅党は、いずれも足袋を懐ろから出して、あらためて履《は》いている。座敷にあがるつもりなのである。私は駕籠舁きをうながして、先に頬のこけた片目の者を庭に運ばせ、庭の十メートルほど手前で突然言った。

「刀を拝借致す」

そう言うや否や、勇力者の二人がそれぞれ片方の腕を押え、もう一人が刀を奪って、それから彼を駕籠から出し、庭に伏せさせた。奉行や諸役人が儼然として居ならび、私もまた控えている。頬のこけた片目の者は仰ぎ見て、平然とした態度でいる。役人が名と出身を問うと、

「常州（常陸）の産、勤王の士、岡見留次郎源経成(6)」

と答えた。奉行が言う。

「我が君に言上してから処分致そう。とりあえず禁錮を命ずる」

経成が言った。

「謹しんでお受け申す」

獄卒が彼を後ろ手に縛り、また駕籠で牢屋に送ろうとする。彼は駕籠に入ろうとして、罵って言った。

「無礼であるぞ。志士を後ろ手に縛るとは。丹波市で斬り死にしておればよかった」

他の四人も順次、刀を奪い、庭につれて来ること、初めと同様である。朱鞘の者が到った。これに訊問すると、

「土州（土佐）の人田処騰次郎重武(7)、義を吉野山に唱えたが、我が方は振いませんでした。けれども死なないわけは、一たび胸中の意を訴えようと望むからです。今、貴藩の虜となり、訴えて死ねば、死すとも朽ちないでありましょう」

顔の広い片目の者が到着した。これに尋ねると、

「水戸の浪人安積五郎武貞、(8)皇国のために大義を起したが、事はやや軽はずみであるのを免れず、ために征討の軍を労させることになり、恐れ多いことです。罪を朝廷に乞い、お膝元で刑せられようと思います。昨夕、道を井伊殿の隊の間に借りて、鷲家《わしか》に出、とうとう貴藩の虜となりました。大軍を動かさせた上に、御奉行をも煩わして、拙者の罪は重いものです」

といい、頭をもたげて私を見て言った。

「先ほどは偽って山陵の役人と称していましたが、道路ではおのずとそうせざるを得ません。不敏をお詫び致します」

さらに左右を見やって、歩兵隊をねぎらった。

手拭いで頭を包んでいる者が到着した。これに尋ねると、

「因州の生まれ、草莽の臣尾崎太郎孝基」（筆者注。「銀奉行、尾崎健三、贈正五位、因州鳥取、磯崎豊と称す、獄中斬」『天誅組中山忠光』二六八・二七七頁）

と言う。役人が、

「そちの主君は誰であるか」

と問うと、孝基は大いに笑って、

「あなた方は、ともに語るに足りない」

と言う。奉行が大層怒って言う。

「杖で打て。自分から臣と称しておいて、どうしてその主君の名を言わないのか」

思うに俗吏たちは皆、「草莽」の意味を理解していないのであろう。私は、これを恥しく思い、そこで言った。

「杖で打たないで下さい。孝基の主君は、私が存じております」

そこで訊問は止んだ。重武以下に対して、奉行が禁錮を命ずることは、初めと同様である。後ろ手に縛って牢に送ったことも、また初めと同様である。

最後に恆助を訊問した。恆助は震えあがって平伏して言う。

「紀州富貴《ふき》村の百姓です。天誅党におどされたまでで、もとより罪はございません。もとより罪はございません」

五　天誅党の逮捕 (二)

訊問がまだ終らないうちに、門の外に喜びの声が起り、柘植宗信・中村保定らが天誅党の二人を引きつれて帰ってきた。宗信・保定らは私に語って、

「郡長の士卒たちが命令を受けて応援に来、天誅党の逃走に備えております。久居《ひさい》藩(9)の鉄砲隊もまたやって来て、『本藩が堅固でないのは、我が藩の憂いです。力を併せないでおれましょうか。前で制止するのも、後ろで引き留めるのも、ただ命ぜられるままに致しましょう』と申しております」

と言った。私は答えた。

「味方の十の戦力で敵の五の戦力に当り、その上、味方の優れた武器でもって敵の劣った武器に当っているのだから、実際には二十の力でもって五に当っている。さらにほかに控えの兵もおる。まして、まだ敵軍にも会っていないのに、応援を他から借りることがあろうか。辞退致す。もし我々が多人数でもって、ことごとく死んだ折には、あなた方はその後始末をして、本藩の恥を残さないようにして戴きたい」

久居侯の兵は、そこで数町退き、備えを堅くして注視している。宿駅の人夫たちもまた応援に来て、竹槍が林立して

いる。私は叱った。

「下郎ども、私の邪魔をするな。早く去れ。ぐずぐずしている者は斬るぞ」

人夫たちは恐れて去った。

これより前、芝村侯は、はたして天誅党の五人に通行を許していた。後になって二人の片目の者などが我々の手で捕えられたことを聞いて、人をやって、その五人を追わせ、三人は捕えていた。あとの二人は、言い抜けて捕縛を免れ、丹波市に着く頃には、ともに旅姿となっており、菅笠・脚絆で、前に出会った者の姿とは大いに異っておる。我が隊は、銃は七丁、槍は三本あり、それを二人に向けると、二人は怖がって、膝まづいて陳謝する。その態度も言葉も大層うやうやしい。書簡を懐ろにしていて、これを出して見せる。すなわち芝村侯の書簡であり、
此の二人は、天誅党ではない。訊問して実情がわかっておる。通行先では疑うなかれ。

とある。私は言った。

「この書簡に花押が無いのは、どういう訳だ」

「急な事で、そこまでは及びませんでした」

私は、彼らは必ずや天誅党であり、書簡はきっと偽物であろうと分ったが、しかし、態度が素直で制しやすいので、銃や槍を向けることは止めた。そして、言った。

「時勢が不穏なので、通行を調べておる。帯刀の者は、必ず古市に連行する。あなた方のお腰の物だけは、これをどうすることもできぬ。どうか渡して戴きたい」

二人は、言う。

「謹しんで承知致しました。この場で二人ともに渡しましょう」

私はその態度を良しとした。恆助を引いて牢に送ってから、二人の刀を奪い、一緒に庭で訊問した。一人は、福岡藩の間諜だ、と言い、もう一人は、久留米藩の間諜だ、と言い、ともに姓名を名のり、声を揃えて言う。

「我が藩の御主君は、大和の変を聞いて、日夜安んぜず、拙者たちにひそかにその動静を探らせているのです。折しも天誅党の五人に出会って、その跡をつけて来たところ、芝村侯に身元を怪しまれ、そこで同僚の某・某を残してきました。拙者たちは帰って御主君に報告しようと思っています。そもそも貴藩は福岡藩にとって親戚であり、久留米藩にとっては同列であります。もし我が藩の御主君に免じて、拙者たちを報告に帰らせて下さらば、幸いこれに増すものはありません。衷心を披瀝させて戴きました」

奉行は二人の願いを許さず、一室に閉じ込めた。私は二人と語って、話が剣術に及んだ。一人は、我が友高市弟三の名を知っている。弟三は、嘗て剣術をもって西海を修行したことがある。私はそこで、彼らが西海の人であることを察知した。引き下って、奪った刀をあらためてみると、血が刃を染めている。笑って言った。

「間諜がどうしてこんなに多くを殺すことがあろうか」

そこで、役人に厳重に警備させた。それから再び丹波市に行って旅館に投じたが、時はもはや午前零時であった。酒を歩兵隊に与え、彼らを慰労した。

六　天誅党の逮捕　㈢

九月二十六日早朝、役所の役人の書簡を得た。言う、

二人が白状した。一人は酒井伝次郎重威、(10)一人は鶴田陶司守道、(11)ともに久留米の脱藩者である。

町井台水の「南討紀略」

私が桜井に行こうとして、芝村藩領に至ると、太鼓の音が起り、老人も子供も走り出し、甲冑の侍が往来している。その訳を土地の者に問うと、答えて、

「天誅党のおよそ三十人ほどが来るので、これを待ちかまえているのです」

と言う。私の部下たちは小踊りして喜び、その中にはきっと敵将の中山前侍従がおられるだろう、と思い、

「ほかの者に先んじられるな」

と、声をかけあっている。桜井駅の役人もまた回状を廻して、土地の者の言葉と同様なことを知らせている。部下たちがます〳〵奮い立って進むと、芝村藩の兵が道をさえぎり、一人の年配者が急に私を出迎えて言った。

「そなたはどのような者か。我が藩の道を借すことはできぬ」

私は答えた。

「藤堂藩の士である。勅を奉じて天誅党を討つ者だ」

私の部下たちの中に後方から叫ぶ者がいた。

「奉勅の士を阻《はば》もうとする者は、天誅党と変らない。まずその奉勅の士を阻む者を撃とう」

芝村藩士は急いで隊伍を開き、道は通ずるようになった。私は考えた。我が方は三十人、敵もまた三十人で、正面からぶつかり合うのは、当然まずい。そこで、街道射撃法を用いて、三段構えとし、敵が進んだ時には我が方は退きながら射撃し、敵が退いた時には我が方が進んで射撃し、その大部分を銃撃してから、その後に刃を交えてよい、という事にした。私は甲段の右翼に在って進んだ。

三輪《みわ》に至って道は分れ、右は桜井、左は金屋《かなや》であり、追分に至ってまた合している。天誅党が通る道は、まだ分らない。そこで部下たちを分けて、両方に向かわせ、私は左を行くことにした。右におもむく者を戒めて言った。

「両方の道は、十町あまり隔っているに過ぎないから、呼びあうことができる。敵にあったならば、号砲を発し、遇わない場合には、近道して横から攻撃せよ」

別れた後、折よく我が藩の名張《なばり》村の間諜に出会った。栄次郎といい、大麿敵情に通じていて、言う。

「三十人というのは誤報です。実際は七人だけで、三人は追分で休んでおり、四人は初瀬観音に詣でています」

皆は袋の鼠だと思って、争ってこれを捕えようとして、追分まで走った。右の道を行った者たちにまた出会った。栄次郎は、店先（筆者注、久保田著に拠れば、慈恩寺村の湯豆腐屋という）に菅笠を置いてある家を指して言った。

「ここです」

そこで、私は部分を四隊に分け、十人は家の後ろから前の道へ出て、観音に参詣している者たちに備え、他の三隊は、隊ごとに七人とし、一隊は家屋の後ろに置き、一隊はめぐって店の左に出、私は一隊をひきいて店の右に向って進んだ。そして、真中の戸から家の中に入ろうとすると、三人が刀を持って対している。いずれも身体が大きく、新しい衣裳で小ざっぱりしており、ひどく旅人の様子に似ている。甲がその右足を敷居に置き、左手を鐔《つば》に置いて、目を怒らして私を見、乙と丙とは刀を押えて、その背後に立っている。私は鉄鞭を杖として、二尺ほど離れて立ち、中村保定が槍を持って私の右におり、中嶋永貞が銃を手にして私の左におる。他の五人はいずれも銃を構えて、その左右に連っている。店の右にまわった一隊も、またやって来て、その後ろに立ち、前列と後列とが密接して、銃口や槍先を、甲の胸に向けている。私は尋ねた。

「そなたはいずこの人で、姓名は何というのか」

甲は叱って言った。

「下郎め、およそ人に尋ねる者は、辞を低くし礼を厚くすべきであるのに、かえって武器を向けるのは、どういうことだ」

「私は勅を奉じて来た者だ。お前は自分の出身地も知らず、その上に自分の姓名も忘れたのか。それともお前は無頼の逆賊なので、醜名を恥じているのではないか」

甲は怒って言った。

「我々三人は、すべて伊勢の者だ。下郎がどうして我を逆賊視することができようや」

私は笑って言った。

「拙者は伊賀・伊勢の間に生長した者で、早くから土地の風に慣れておる。お前の語音は伊勢のものではない」

甲は答えることができず、刀を抜く。鞘から一尺あまり抜けた時、一本の槍がその胸を突き、銃声がゴオーッととどろいて、甲が倒れた。秋田信貞がその首を切り取って、死体を改めると、弾丸と槍の穂先とが胸の中で接しており、槍先は三つに折れていた。槍は中村保定の槍である。乙と丙とは、ともに弾丸を免れている。

沢田久次郎春次は太鼓手であり、ただ独りピストルを持っていた。その銃の撃鉄が不調で、ただ独り時機に遅れて、乙の腿を撃ち当てた。乙は片足で後ろの戸口に走り、丙も後を追った。家の後ろには渓流が流れ、その断崖の上に垣が設けられているが、乙はそれを越えて下ろうとする。かねて家の後ろに控えさせていた大井景盛と河村亨がこれを撃つと、乙は倒れ、柘植宗信がその首を切り取った。

丙は隙を見つけて走り出し、東の家の厠に入った。皆が大声で、

「厠を撃て」

と言った。丙は慌てて厠を出て、手を合わせて命を求める。部下たちがその首を取ることを争い、丙の頭上には白刃がむらがった。私はこれを縛ることを命じ、慈恩寺《じおんじ》村の村長を呼び出して、首を斬った捕虜を預け、走って他の四人を捜

し索めた。

初瀬に至ると、井伊家の兵がもはやその一人を銃殺しており、他の三人は逃れて山に入っていた。時に民家は灯をともしている。

かくて、追分に帰ると、沿道では松明をかかげていて真昼のようである。桜井駅の役人が食糧を送ってきたので、部下たちはこれを食べた。柘植宗信は屍を見て、その尻の肉を切って、これを食べ、一切れを私にすすめる。私は言った。

「彼もまた勇士である。もし、それが私の尻であったならば、私はどうして人に我が尻を食わせるのに耐えられようか」

宗信は、そこで食うのを止めた。

部下たちが丙某を訊問すると、答えて言う。

「私めは五条野原《のはら》の者で、多吉といいます。吉村寅太郎や松本健三《ママ》たちが私めを重宝がったので、私めは始めて仕えました。吉村[12]は負傷し、松本[13]は失明したので、それで放置して去りました」

甲某と乙某のことを尋ねると、言った。

「甲は土佐の人前田繁馬[14]で、その勇は天誅党で一番です。当初、山を出る時、私は敵の多いことと道がふさがっていることとを心配しました。前田は言いました。『ただ私に従っていよ。きっとそちの刀を血で汚させるようなことはないだろう』と。昨夕、ふたたび率先して井伊殿の陣に斬り込み、十五人を殺して、陣が乱れ大勢が敗走したことは、はたしてその言葉通りです。乙は江戸の相撲取り関為之進[15]で、腕力があり、よく闘います」

私はいった。

「私は桜井に戻るつもりだ。それから更に詳しく尋ねよう」

その晩は桜井の大願寺に泊り、部下たちに酒を与えて、彼らをねぎらったことは、丹波市の場合と同様である。酒たけなわにして、多吉に詰問した。答えて言う。

「昨日の捕虜は、先鋒で敵を掃討するものです。やつがれどもは殿《しんがり》に当る者です。そして、中山公は、その中間にいらっしゃいましたが、とう〳〵公を見失ったのです。その生死は存じませぬ。ただ鷲家を出発した時には、大阪に行って長州藩邸に投ずると約束しました」

かくて、大いに諸方の道路を捜索することになった。

七　中山公の捜索

九月二十七日、終日、中山公の行方が分らず、部下全員が大いに疲労した。小頭や伍長などが途次に相談して言う。

「西の八木《やぎ》に行ってみましょう」

八木は桜井の西五十町に在る。到着すると、宿駅の役人を呼び出し、諭して言った。

「天皇は、良民が天誅党に脅かされるために、宸襟を安んじられず、毎日、政務に精励なされ、勅を我が御主君に下して、これを討たせなされた。御主君は、二人の将（筆者注、藤堂新七郎・玄蕃）に奔走させておられるが、天誅党はまだ平定されず、良民はいまだ安堵しておらぬ。二将たる者、死を惜しまず、山壑の間に風雨に打たれて、矢や弾丸を冒し、要害をよじ登り、渇きと飢えに苦しめられ、ただ〳〵敵をば捜し求めずにはおられようか。況んやまして我々は、なおさらである。そちもまた宿駅に役人たる者であって、どうして枕を高くして寝ていられようか」

宿駅の役人は、「はい〳〵」と言う。かくて、役人に近隣の村落に命令を伝えさせて、言う。

「藤堂公の歩兵隊分隊長が、来って天誅党を討ち、汝らの妻子を安んじ、汝らの家財を全うし、汝らに生業を得さしむ。汝農民たちよ、宜しく天誅党の行方を捜索すべし。男女に論なく、老幼を択ばず、来って天誅党の情報を知らせる者には、三百銭を賜う。天誅党の在りかを告げる者には、一千銭を賜う。汝農民たちよ、勉めよや、勉めよや」

それ以来、告げ知らせる者が絶え間なく来たり、大いに敵情がつまびらかになった。折しも古市から書翰をよこした。すなわち、京の藩邸から古市への返信である。その大略に言う。

安積以下が通った道は、首領（筆者注、中山忠光）の逃げ道であるかも知れぬ。首領を逃してしまったのでは、勅命をゆるがせにすることになろう。我が藩の恥となることを避けられないだろう。汝ら、努めよや。歩兵分隊長が近くにいるようであれば、この趣旨を体せしめよ。

読み終って、書翰を手から放さないうちに、一人の魚売りが来って告げた。

「私めは今朝、七人の方々に竹内峠《たけのうち》で遇いました。容貌はいずれも立派で、あなどれません。ただ年齢が二十歳ほどの人だけは、眉目麗しけれど、穏やかならぬ様子でした」

小頭が、

「それだ」

と言った。私は、

「きっと、そうだ」

と言い、昼夜兼行して、これを追おう、と思った。

折しも流言が行われて、天誅党の三、四十人が三輪にたむろしている、という。部下たちは、これを聞いて意気沮喪して、言った。

「前の侍従（筆者注、中山忠光）は、窮鳥という態で長州藩邸に投ずるであろう。藩邸の人々が皆禽獣のような者であれば、それまでだが、もし心ある人がおれば、きっとこれを迎え入れて、追跡の兵に刃向うであろう。そうなれば我々は、前にはその兵を受けて、後ろには天誅党に迫られることになり、進退必ずや窮しよう。西に行くべきではない。更にまた、安積・岡見などは、天誅党の上層部であり、それを我々が捕えたのであるから、三輪にたむろしている兵が、夜襲して屈辱をすすごうとするかも知れない」

ある者は応援を後軍の将に乞おうと考え、ある者は古市に戻って相談しようと望み、議論が沸騰する。

伍長の福地宗敏と岡森資光が声をはげまして言った。

「分隊長がいらっしゃるのだ。勝手に議論するな」

しかし、聞き入れられない。私は小頭を呼び寄せて言った。

「そなたたちは、どう考えるか」

ともに、

「すみやかに敵将を追いましょう」

と言い、意気はなはだ盛んである。私は言った。

「彼が長州藩邸に投じたならば、如何すべきか」

「天皇が追討の勅を下さったからには、皇天の下、皇土の上、天皇の御威光の及ぶ限りは、追いつめなくてはなりません。長州藩邸がどうこうできるものではありません。」

「藩邸に多人数がおったならば、どうする」

「長州藩邸をば我が墳墓の地とすれば、大勢でも何ができましょうか」

私は、この言葉を壮とした。

そこで、部下たちを呼んだが、応じない。伍長に命令を伝えさせて、

「私は不肖ではあるが、分隊長の任をかたじけなくしている。私の命令に従わない者は、軍には法があるのだから、それで粛正しようと思う」

部下たちは恐れて、寄って来たが、私を仰ぎ見られる者はいない。私は悠然として言った。

「私は当初こう考えていた。お前たちは私と生死を同じくする者だ、と。だから、あのように上書したことは、お前たちが知っての通りだ。敵将の行方がわからなければ、それまでだが、わかった以上は、追って撃たなければ、前言をひるがえすことになろう。しかし、私が死ねば、私の事はそれまでだ。前日の首を斬った捕虜は、お前たちでも処置することができよう。古市に戻って、もし後軍の隊長に渡そうというのならば、やりたいようにすればよい。私は独り長州藩邸に斬り込んで死ぬだけだ。私の父は、かたじけなくも砲兵隊に仕えさせて戴き、先頃、十津川に赴いたまま、生死が知れないが、それは暫く措く。我が母は家に在って、必ずや私がどのような様子であったのかを知ろうとする筈だ。お前たちが故郷に帰った折には、私が敵将の後を追って行った様子を知らせてくれるならば、私は死んでも本望だ。とりあえず別れの杯を交わそう」

部下たちは、はらはらと涙を流し、答える者がいない。小頭が部下たちを促して言った。

「君たち、どうして答えないのか」

伍長大道寺好徳が進み出て言った。

「いったい誰が部隊で生きている時にだけ従っていて、死ぬ時には従わないのか（死ぬ時にこそ従うべきだ）」

そして、部下たちを見やって言った。

「君たちこそ、その者ではないか」

部下たちは響きのように答えて、

「確かにその通りです」

と言い、皆の気持は、この時に決まった。

私は書翰を作って、古市に送って言う。

捕虜の言に拠れば、前の侍従は西に逃走して、大阪の長州藩邸に投じたそうです。今また、魚売りから聞くに、七人の士が竹内峠を越えて行ったが、その中に一人の貴公子がいた、ということです。たぶん敵将でありましょう。義道はこれを追って、追いつかなければ止めません。彼が長州藩邸に入ったのであれば、藩邸に斬り込んで、これを求めましょう。部下の三十人は、死を期してはいても、生を期してはいません。私どもの老いた親や幼い孤児たちは、閤下《こうか》に託します。閤下が憐れみ、救い下さらば幸甚です。

また後軍の部将にも書翰を送って、具体的に敵情を知らせ、さらに、「閤下はすみやかに大軍を率いて西に向かい、軍として適わしい働きをなさって下さい」と言った。

私は二通の書翰を読みあげることを酒の肴として、部下に酒を与えた。竹島忠正が剣を抜いて立って舞うと、一座の者には勇気が湧き起って、二心を抱く者はいない。午前四時に八木を出発し、西に五十町進んで高田に到った。

八　中山公追跡

時に九月二十八日の夜明けである。炊事を命じた後で、古市から返書を寄せてきて、言う。

敵将を追うのは結構だが、長州藩邸に斬り込むのは駄目だ。後日、臍《ほぞ》を噬《か》むような事があっても間にあわぬ。汝は、よく〳〵考えよ。

私は笑って言った。

「俗吏は何もわかっておらぬ。私が自分で死を決するのに、誰がこれを止められようか」

後軍の隊長の書翰も来た。みだりに長州藩邸に斬り入ってはならぬと諭しており、さらに言う。

今夕、そのことを桜井で相談しようと思う。来会されたい。

私は考えた、自分はもとより後軍の隊長の指図を受けるべき謂《い》われはない、けれども会議は欠席する訳にはいかない、と。駕籠を飛ばして桜井に行った。中島永貞・貝増庸重・竹島忠正が従っている。

着いてみると、後軍の隊長は、まだ来ていない。桜井では天誅党二人を捕えており、間近にこれを見ると、ともに土佐の人である。甲を森下儀之介茂忠[16]といい、丈夫である。庸重を見て、乙を見やって、

「鐔《つば》先生だ」

と言っている。庸重がいぶかしんで、その訳を尋ねると、茂忠は言った。

「僕は以前、あなたを京都で見かけた。刀が長くて鐔が大きく、思わず舌を吐いた。大体、刀身が長い者は、必ずその鐔を小さくして、抜くに便利にするもので、我が天誅党の士も皆そうしている。あなただけは、そうではない。敬服して、語り種《ぐさ》としているのです」

乙は土井佐之介雄武[17]といい、まことに美丈夫である。襤褸《つづれ》を着て髪を振り乱し、手かせされてうつむいているのが、哀れで、人を動かすものがある。私は尋ねた。

「あなたは風采が非凡だが、土佐ではどんな官職なのですか」

「一家に一官職というのが、我が藩の制度です。私の父がおりますので（私には官職はありませぬ）」

「御尊父は、何の官職ですか」

「目付です」

「あなたは、お幾つですか」

「漢の終軍が纓を請うた年（筆者注、二十三歳）です。英国・仏国の可汗（夷狄の王）の首に縄をかけようと思っていたが、かえって自分の首にかけてしまいました」

「前の侍従殿（筆者注、中山忠光）は、いずこに行かれましたか」

雄武は頭をたれ、長いこと考えこんでから言った。

「すみやかに我が首を斬って下さい。いうに忍びませぬ」

「それならば、その人となりを聞かせてもらえませんか」

「度量が広く決断力があります。その才を老練にすれば、宰相や大将ともなるべき器です」

宿駅の役人が
「後軍の隊長が来ました」

と知らせた。私が入って拝礼すると、隊長は言った。

「最近、敵の首を斬ったことは、まことにそなたのお蔭による」

「勅命に霊力あり、御主君に威力あり、これに歩兵隊の力が加わったからです。けれども、彼のような者は小者で、言あげするほどではありません」

「長州藩邸に斬り込むというが、どうする積りだ」

「敵将が逃走すれば、もとより追わなくてはなりません。私が追うと、彼は長州藩邸に入りこみました。長州藩邸に問わなくてはなりません。私が問うた折に、長州藩がいないと答えるならば、それまでですが、もしも、居る、これを殺せるものならば殺してみよ、というならば、戦わざるを得ません。しかし、藩邸に大勢の者がおるならば、こちらは無勢で、必ずや対抗できないことでしょう。邸に斬りこんで死ぬことはすまいと思っても、それはできない相談でしょう」

後軍の隊長は言った。

「結構だ。下ってよい。頑張ってみよ」

私が高田に戻ると、ちょうど午前二時であり、食事してから出発した。

九　藩重臣の策謀

九月二十九日、夜明け方に竹内峠を越え、正午頃、柏原に到り、たそがれ時に桃山に入った。これより前、古市の奉行が大阪の藤堂藩邸に、私が長州藩邸に斬り込もうとしていることを告げていた。折しも、側用人水上権太夫が大阪藩邸に在ったが、元来、長州人の武力を恐れており、またかねて間諜を放って長州藩邸では勇兵を潜伏させていることを知っているので、襲撃が失敗すれば禍いが自分に及ぶことを懸念して、そこで留守居役高畑某と密謀して、偽った命令書を作り、人にこれを持たせて、私を桃山で待ち受けさせていた。私がこれを開き見ると、

長州藩邸の件は、独断を許さない。我が藩邸留守居役の指令を仰ぐべきである。

とある。私は、この命令をば京都の若殿（筆者注、藤堂高潔）の命令であると思い込み、偽りのものであるとは知らな

かった。そのまま鈴鹿町の藤堂藩邸に入ると、留守居役が私を一室に招いて言う。

「明朝の事（筆者注、長州藩邸への斬り込み）は、私がおもむろに図ろう。そちはもう事を荒立てるな」

「先ほどの書翰は、若殿の御命令ですか」

「御主君の御命令じゃ」

「御主君は伊勢におられ、長州藩邸の件は、たぶん御存知ないでしょう。お尋ねしますが、書翰を運んだ者は誰ですか」

留守居役が答える前に、小頭と伍長が襖障子をあけて入って来て、

「我が藩邸の兵が我が隊の銃と槍を奪った上に、さらに分隊長殿をここに閉じ込めようとしております。まず藩邸の兵を退治しましょうか」

と言い、邸の役人をにらみつける。邸の役人は、恐れて逃げた。

権太夫が出て来て、私に会って言う。

「そちは御主君の御命令を疑うが、何と無礼なことか。先の書は、すなわち若殿が命じられたもので、若殿は実に御主君の代理として京都にいらっしゃるのだ。だから、その御命令は、御主君の御命令といってよい。そちが無礼なので、歩兵隊も乱暴が甚だしい。自身慎んで、そして部下をも押えるべきじゃ」

「いいえ、とんでもありませぬ。歩兵隊は乱暴ではありませぬ。貴公方こそ乱暴です」

そこで、私は藩邸の兵の無礼をなじり、声をはげまして言った。

「貴公たちこそ自ら慎んで、それに拠ってその部下を押えるべきです」

権太夫はあれこれと弁解するが、私は相手にせず、蒲団をかぶって寝た。

十　長州藩邸への詰問

十月一日の明け方、ただ一人馬に乗って鞭を挙げて藩邸の門を叩く者がいる。役人がこれを出迎えると、薩摩の高崎左太郎である。いきなり、

「貴邸の兵数は何人ですか。隊長は何という者ですか」

と問う。役人は長州の間諜だと思い、驚いて胆をつぶし、答えることができない。入って権太夫に告げると、権太夫もうろたえて、為す術を知らない。私を呼び出して言った。

「あなたが応答してくれると有りがたい」

私はそこで左太郎に会った。左太郎が言う。

「朝廷は元来、長州を疑っておられる。また、前の侍従殿が長州藩邸に入られたことをお聞きになり、そこで貴藩・紀州藩および我が藩の軍で京都に在るものに勅して、長州藩邸に問わさせなされる。長州人が最も理解できない、三藩が力を併せてこれに従事せよ、とのことです。そういう訳で、兵数を尋ねるのです」

私は、現有の兵数を知らせた。左太郎は、午後に相談することを約束して去った。私は、この時初めて、権太夫と留守居役のいっている事がすべて偽りであることを知った。そこで権太夫を呼んで、人を欺き且つ命令を偽ったことを、こっぴどく責めて言った。

「私は嘘つきの血でもって我が刀を汚すのに忍びない。そなた御自身で処分しなされ」

権太夫は震えあがって、顔色は土のようである。

歩兵隊長磯崎仲之丞、鉄砲隊長柳田豬之介が京都からやって来た。長州藩邸を尋問せよ、との命令を奉じておる。私の部屋に入って来て、権太夫に会った。権太夫は、憐れみを二人の隊長に乞うている。私は二人の隊長の手前、暫く彼をゆるしてやった。

かくして三藩が協議して、長州藩邸に詰問した。藩邸の役人は答えて言う。

「我が藩は朝廷のお叱りを蒙り、[18]御主君は罪を待っております。どうして叛乱者を隠まうことなどありましょうや」

巷間に告げる者あって、叛乱者は西海に渡った、あなた方はその消息を海浜で尋ねよ、という。三藩の密偵もまた、中山公が西海に航したことをつまびらかにした。そこで、もはや追跡することはしなかった。私は十月二日に、兵を収めて北上し、京都藩邸の命令に従うことになった。

注

(1) 和田の銃戦とは、『慶弘紀聞今日鈔』六、九月七日の条に拠れば、安濃津の将である藤堂新七郎が兵千六百余人をひきいて天誅党の和田村の砦を攻めて、これを破り、進んで大日《おび》川の砦を攻めると、党軍は険に拠り兵を潜伏させて釣壁を設け、敵兵が近寄ると、その綱を切って、これを皆殺しにしようと図る。新七郎の兵はこれを悟って、迂回して崖の上に出、大小の銃を放って党の前軍を破った。後軍がこれに替って、崖を仰いで大砲を発すると、新七郎の兵は弾丸を冒して奮って進み、しきりに大銃を発して、これを破り、その陣営を焼き、旗や木砲などを獲て引き帰した、という戦いである。この戦いについては、久保田著書二九〇頁に、藤堂家から京都守護職に届け出た文書が引かれており、それに詳述されている。

(2) 渋谷某の一件とは、九月五日、中山忠光が渋谷伊与作ら三人を藤堂氏の五条の陣に至らせた処、兵が多く出でてこれを捕えようとし、伊与作は力が人に越えるので、兵十数人を投げとばしてから虜となったことをいう。伊与作がいうには、「嘉永六年の朝議で、攘夷ということに決った。我らは、その真勅を受けているのだ。今、使令を受けて来たのに、捕えられるとは意外だ」と。そこで懐中から文書を出していう。「（文久三年）八月十三日、親征の令が出でて、義兵を募って鳳輦を守るよう御命じなさったのだ。なのに松平容保（会津藩主。京都守護職）が謀反して、主上を幽閉して、令を偽って、我々を討とうとするのだ。これは官軍に敵対することになる。願わくは、来討の理由を聞きたいものだ。」というものである（『今日鈔』六。九月五日）。久保田氏著書二七六頁。

（3）　十四日、安濃津の前軍が、天野川の辻の塁を攻める。塁兵は銃を撃ち尽して防禦するが、ついに火を放って陣を焼いて逃れる。丁度、日が暮れたので、これを追わなかった。諸方の砦の敵の部将は、これより前、十津川の長殿村に集まり、柵を設け塁を築いて拒守しておる。安濃津・彦根の諸軍は、進んでその前門を攻め、紀伊軍は後門を攻める。安濃津の前隊は、帰順の郷士をして先導せしめ、山上より号令をかけて敵中に馳せ入り、五、六人を銃殺したので、天誅党の兵は大いに驚き、戦わないで逃げた。敵将藤本真金・松本泰武《ママ》・那須真吾らは、倶に紀伊の軍に突入して奮撃する。真金の勇健なること党中に冠たりで、大刀を振って騎卒を追い、七、八人を斬り、紀伊の兵は辟易する。西軍は進み出で、ともに銃を雨あられと発し、真金・泰武は弾丸に当って死んだ。（『今日鈔』六）

（4）　台州は、二十一歳の時、弾丸を造っていたが、誤って火が発し、一眼を失った。その容貌は、「焦痕ト痘痕ト、相錯ハリテ面ニ満チ、初テ見ル者之ヲ畏怖ス」（「台水府君行状」『台水遺文』坤）というものだった。

（5）　芝村藩は、大和国武上郡芝村に在る藩。一万石。その領主は織田長易。津藩などとともに天誅党討伐を命じられた。

（6）　「（八月）廿一日、……五条出張所にても大炮十挺・旗三十本造る。因州磯崎寛、江戸安積五郎、水戸岡見富次郎奉行す。岡見ハ東禅寺へ打入て夷人を切りし人なりといふ。一昨年来野士といふものになりて薬などひさぎ、此わたりにありしなりといふ」（『南山踏雲録』）。「（文久元年五月）二十八日夜、水戸亡臣有賀重信・岡見富次郎……等十四人、持レ槍突二入英咭唎東禅寺館中一、殺二傷英卒三人一」（『今日鈔』三）。『水戸幕末風雲録』一千一頁に見ゆ。

（7）　「田所騰次郎　浪士組姓名事跡風聞録書
右騰次郎儀、浪士、五条表へ罷越候。翌朝、吉田重蔵同道、大嶋村へ立越、木村祐次郎の首を討取、持帰り候由。九月下旬、和州丹波市吉野屋と云旅籠屋にて藤堂侯へ生捕」（『天誅組中山忠光』二七八頁所引）。二十四歳

（8）　「安積五郎　浪士組姓名事蹟風聞録書
右五郎儀、一眼にて痘瘡の跡有レ之。身丈長く勇剛にて、軍略に秀候。平日、浪士軍法進退駈引の差図いたし候由。九月下旬、丹波市村にて藤堂侯へ召捕」（同右二七六頁。）

「安積五郎ハ本生江戸の人なりといへども、其姓氏、実ハ詳ならず。行年三十七、竜眼虎鬚、容貌如二天王一、能愛二兵衆一、能兵衆を使ふ」（『南山踏雲録』九月十四日）。安積五郎が水戸の人ではなく、江戸の出身であることは、清川八郎の『旦起私乗』

二、弘化五年四月二十六日に「二十六日、帰レ塾。上西後入レ塾者、曰二安積五郎一江戸呉服橋ト家光徳男」とあることに拠って明らかである。

(9) 津の支藩。伊勢国一志郡久居。五万三千石。当主は藤堂高聴《より》。

(10)「酒井伝次郎ハ久留米の藩にて、年齢二十七なり。沈実壮雄、議論確乎、常に不レ譲二於他一。高取城朝駈の日、烏帽子形の兜を著たりしを、敵の百目筒にて打ぬかれしが、尻居に倒れたるのみにて、事なく帰りしが、衆見て胆を冷さぬ者なかりき。されど酒井ハことに煩ふ事もなく、猶所々の討手に向ひ居りしを、二日バかりはうなじ痿れて、もの音も覚へざりし、と後に語りき。小男にて中肉の人也」(『南山踏雲録』九月十四日)。また、『大和戦争日記』九月二十四日に、中山忠光に随う十七人の面々の一人として姓名が見え、「一マツ落延テ、他日又義兵ヲ挙ント評議一決シ、各諸方ヘ別レテ落行タリ」とある。

(11)『大和戦争日記』九月九日に、井伊の本陣下市町へ夜討をするメンバー二十余名の中に姓名が見える。「伍長　鶴田陶児　贈従五位　筑後久留米、獄中斬」(『天誅組中山忠光』二七一頁)。

(12)「(八月二十六日)吉村虎太郎・中垣健太郎・小川佐吉三人、味方ノイヒ甲斐ナク引退シヲ無念ニオモヒ、死ヲ決シテ書置ヲ残シ、三在ヨリ取テ返シ、御所ニテ酒店ニ立寄、同勢別レノ盃ヲ廻ラシ、抜魁シテ上佐ヘ進ム。……敵ノ夜廻リト思シキ五六十人ニ出合タリ。大将一人、馬上灯ヲ燈セリ。吉村是ヲミテ能キ敵ゴザンナレト槍ヲ提テ、グサト突タリ。突レテ馬ヨリドット落ツ処ヲ三槍ヲ迄突留タリ。此者は大和ニ名ヲ得タル杉野素郎助トカ申ス撃剣ノ達人ニテ、頗ル勇気ノ者ナルヨシ。突レナガラ太刀ヲ振上テ吉村ヲ討コト凡三十太刀、然共吉村丈夫ノ兜ヲ戴キ、三重小手着タル故、事トモセズ、彼ノ弱ヲ見透シ、既ニ首ヲ掻ントスル処、豈図ランヤ、味方ヨリ打鉄炮ノ二ツ玉ニ横腹ヲ七寸程打通サレ、尻居ニドフト倒ル。杉野ハ立モ起ラズ、其侭息絶タリ。此時、中垣・小川ハ槍ヲ以テ敵勢ヲ追散シケル。吉村手負タリト聞テ、放火スルヒマナク一処ニ集リ、吉村ヲ介抱シ、手ヲ引、或ハ背負、辛フジテ峠迄引退キ、役人ノ宅ニ泊リ、翌日五条ヘ駕籠ニテ引退キ、療養相加ヘ、腹中ヨリ玉一ツ出、追々快ク命ニ気遣ナカリケル。

(九月二十四日)井伊勢・是ヨリ一町許、和田ト云所ニ出張、昨夜、士一、二人、鉄炮ノ者七、八人、伯母谷ヘ参リ、味方、夜中ニ同所ヘ着陣ノ趣意聞付ケ、直ニ引返シタル由相聞ユル故、病人吉村虎太郎・松本謙三郎・安岡嘉助・同斧太郎・小川佐吉等迄、駕籠ニテ後陣ニ引下リ、(以下、紀伊軍に大敗する記述あり)、病人ノ輩ハ駕籠ニテ後陣ニアリシ故、割腹セシモ有ツラン、縛セラレシモアリツランカ、一円相分ラズ」(『大和戦争日記』)。

「吉村寅太郎　浪士組姓名事跡風聞録書

右寅太郎儀、武勇絶倫の聞有レ之。五条表ヘ罷越ノ翌八月十八日夜、紀伊侯より討手入込候風聞有レ之候処、寅太郎一騎にて、紀州橋本駅迄罷越、同所御殿と唱候役所へ罷越、大言を述、立帰り候由。同月二十六日、土佐城下に更に戦の砌、同藩某と打合、拾匁の砲玉にて横腹を三打抜候得共、少モヒルマズ相働、同日、葛上郡重阪村迄立帰り、一宿いたし、疵所養生療治致居候内、高取表より討手押寄候風聞有レ之候得共、更に頓着不レ致、同所にて討死可レ致旨申張候を、同志組のものより色々申宥め、翌日、吉野郡和田村迄為二引取一、疵所療用の上、十津川郷へ入込候後も駕に乗り戦場へ罷出、駈引差図致候由。九月二十七日早朝、鷲家村百姓駕籠屋十次郎と申者の山小屋にて、藤堂新七郎組下金谷継吉組○○方木沢勘助と申者と出逢、姓名を申述、切腹可レ致の処、勘助より言葉を懸候に付、楽々名のり合、尋常に討死いたし候由、亦々英雄の士と可レ云。惜哉、哀哉」（『天忠組中山忠光』二七五、六頁所引）。

(13) 注3・12参照。

「松本謙三郎　浪士組姓名事跡風聞録書

右謙三郎儀、軍略に達す。謀策皆同人より出る処の由。是迄蝋燭売、或は銭縄売と変身し、度々五条表へ入込候由。尤同所細川屋喜助と言旅籠屋にても、三度許止宿いたし候趣、浪士組三軍総務を司り候趣、陣屋討入の節より一眼見え不レ申、片眼は悩居候由。此節、両眼共不レ見風聞、九月二十五日、鷲家村にて紀伊侯へ討取候由」（『天忠組中山忠光』二七五頁）。『尊攘記事』補遺・三の奎堂の末期に関する記述は、『大和戦争日記』とほぼ同様である。久保田著書四〇五頁には、奎堂が紀伊藩兵士に銃殺された様が語られている。

(14)『大和戦争日記』九月九日に、下市井伊の本陣に夜討する十二名のメンバーとして、森下幾馬・儀之助と並んで見える。『天忠組中山忠光』二二五「天忠組の同志」には、亡友樽井藤吉翁著「明治維新発祥記」に主として拠って、同志の人名・役割・贈位・出身・年齢が挙げられているが、それには、

小荷駄方　前田繁馬　贈正五位　土佐高岡郡、二十四歳

とある。かく、前田繁馬については情報が比較的少いので、その性行と最後とを詳しく伝えた「南討紀略」の史料的価値は高い。

(15)『天誅組中山忠光』二七二頁に、「諸書に散見し生国等詳ならざるもの」の一人として、

関　民《ママ》之進　前田繁馬と同時討死元相撲取なりとあり

とあるから、樽井藤吉も「南討記略」の記述を知っていた可能性がある。ただし、この事をあまり口外しなかったようで、正親町季董が該書を知っていたふしはない。

(16)『南山蹈雲録』九月十日に、下市の彦根藩兵を焼打にする勇士十二人の中に、「久留米　杜《ママ》下儀之助　杜下幾馬（森下幾馬・森

下儀之助執も高知の脱藩也）」とある。『大和戦争日記』九月二十四日、中山忠光に従っていた十七人の中にも、森下儀之助の名がある。「合図方　森下儀之介　贈正五位　土佐土佐郡」（『天誅組中山忠光』二七五頁）。

（17）『天誅党中山忠光』二六九頁に、

鎗一番長　土居佐之助　贈正五位　土佐土佐郡、獄中斬

とある。

（18）八月十八日、長州藩が京都警備の任を解かれ、大挙、帰国した政変を踏まえていう。

大橋訥庵逮捕一件

一　訥庵父子の逮捕

文久二年（一八六二）一月十二日の真夜中十二時頃、隅田川畔、小梅村の大橋訥庵《とつあん》の住居に書翰が届けられた。訥庵は、名は正順《まさより》、字は周道、通称は順蔵といい、時に四十七歳、五年前の安政四年に刊行された『闢邪小言《へきじゃしょうげん》』が洋学や異端の説を論駁した書として評判を呼び、幾多の志士を奮起せしめて、名声の嘖々たるものがあった。

その書翰の筆蹟は、紛れもなく元浜町の佐野屋の番頭玄六のものであった。佐野屋とは、訥庵の妻まきの実家であり、太物《ふともの》を扱う豪商であって、下野粟宮《あわのみや》（栃木県下都賀郡間々田《ままだ》町）の本家を始めとして、江戸や下総《しもふさ》佐原、上野《こうずけ》桐生、常陸《ひたち》龍ヶ崎、奥州福島等に支店を擁して、殷盛を極めていた。

そこで訥庵は、在塾の門人宮田宗九郎を伴って、佐野屋に赴いた。宗九郎は、伊予小松の一柳兵部少輔の家来である。

ところが、訥庵たちが浜町あたりまで来ると、茶屋に与力たちが集まっていて、

「ここにて夜あけまで待ちあわせ居るよう」

という。

夜があけると、与力たちは、すぐに訥庵を数寄屋橋内の江戸南町奉行所に連れて行った。訥庵は、三斎羽織に袴の出で立ち(1)のままである。同じ夜明け、訥庵の養嗣子燾次のもとにも、佐野屋からという書翰が来て、燾次も南町奉行所に連行された。燾次は、この時、二十六歳。河田猶興の四男であったが、十七歳の時、訥庵の長女誠子の婿となるべき含みをもって養子となったのである。初め切堂、後に陶庵と号する。

勿論、佐野屋からの用事、というのは偽りであって、与力が謀計を設けて、佐野屋の番頭玄六を脅迫して偽手紙を書かせ、訥庵父子を召し捕えたのである。

南町奉行所まで付いて行った宗九郎が、訥庵父子の次の間《ま》で控えていようとすると、与力が、

「そなたは大橋のお供にて候《そうら》えば、お引き取りなさるべし」

と言う。宗九郎は、

「私儀は師の供に候えば、師が引き取るまでは帰り申さず」

と言い張った。与力も少々持て余したようで、

「大橋殿には少々お尋ね筋これあり、隙《ひま》取り候う間《あいだ》、まずお帰りなされるよう。且つまた、このお役所にお待ちあいおられ候う儀は、親類にこれなく候いては相ならざる法に候う間、ただ今お引き取りなされるよう」

と言う。やむなく宗九郎は、引き帰した(2)。

この日から一応の尋問があって、後引資料が示すように、十六日、訥庵父子はともに揚屋《あがりや》入《い》りとなった。伝馬町《てんまちょう》の、未決囚を入れる牢屋に入れられたのである。

訥庵の妻まき（巻子）は、突然の事で、涙も出ないほど衝撃を受けたが、歌文の教養の深い女性なので、思いなおして、

中空《なかぞら》の霞にしばし曇るとも
　春の光の照らでやまめや
すべらぎのみ国を思ふ真心に
　天のめぐみの無からましやは

と詠んだ。(3)

また、この十三日、大勢の役人が訥庵の家に来て、家宅捜索を行い、家の内外を看視する者たちの数は、二百人ばかりに及んだ。(4)

家宅捜索は二度に亘って行われ、家財の一切が土蔵に入れられて封印された。その折の役人たちの様子は、いかにも憎らしく、見るに忍びないほどであったが、家族や門人たちは努めて耐えた。(5)

この騒ぎは、すぐに江戸の隅々まで伝えられたので、大橋家に常に親しく出入りしていた人々さえ、公儀を憚って、全く訪れなくなった。そこで巻子は、

浅ましさ言ふばかりなし人ごころ
　かかる折こそ奥も知らるれ
世の人は音づれ絶ゑし我が宿に
　問ふもうれしき春のうぐひす

と詠んだ。(6)

翌十四日には、松本鉷太郎（二十七歳）も捕縛され、直ちに揚屋入りとなった。岡田真吾は、同日、召喚状を発せられ、宇都宮より二十一日に到着、二十三日に揚屋入りとなった。(7)二人ともに宇都宮城主戸田越前守忠恕《ゆき》の家臣であり、

藩に講じた訥庵の門人であった。

ちなみに、この一件は、川越藩儒保岡嶺南の『嶺南日記』では、一月十七日の条に、

又其前（一月十五日の坂下門外、安藤対馬守襲撃事件）二三日ニ大橋順蔵被《るる》レ囚《とらは》よし也。

とあって、江戸市中では四日後に伝わっている。豊後日田に在った広瀬旭荘の『日間瑣事備忘』文久二年二月六日には、

大橋訥庵父子、獄に下る。訥庵は闢邪小言を著はすを以て、名、天下に著はる。或は云ふ、東叡王を挟《はさ》みて水戸の浪士団に入れんことを謀る故なりと。或は云ふ、諸侯を勧強して王人に交結せしめんとすと。或は云ふ、竊かに搢紳に交はりて釐降を妨げんことを謀ると。巷説紛々たり。（原漢文）

とあり、一ヶ月足らずで九州にまで伝わっているのである。旭荘は、右の情報を江戸に在った養嗣子青村の書翰によって知ったのである。

訥庵逮捕の事由として、旭荘は、上野寛永寺の輪王寺宮を奉じて水戸の浪士団に迎え入れようとしたこと、戸田忠恕など諸大名に尊王論を説いて公家《くげ》と結託させようとしたこと、公家と共謀して和宮《かずのみや》降嫁を妨害しようとしたこと等を挙げている。後に詳述するが、それらの事由は、当らずといえども遠からず、といってよいものである。

二　逮捕の事由　その一　二宮惺軒への問い合わせ

逮捕された訥庵を取り調べた者は、吟味与力筆頭仲田剛右衛門[8]や南町奉行黒川備中守らであった。彼らがどのような事柄を取り調べたかは、訥庵の文久三年六月二十五日付、縣《あがた》信緝《のぶつぐ》宛書翰[9]に窺うことができる。それには、昨二十四日の訥庵の口書《くちがき》（供述書）の下書きの概要が挙げられているからである。縣信緝は、通称は勇記、字は敬止、六石と号し、

宇都宮藩士である。訥庵の門人であり、坂下門外の変に関与し、蒲生君平の遺志を継いで山陵修復の事業を行った。この年、四十歳。

事柄の一は、一昨年の万延元年に、訥庵が高橋多一郎の日記を閲覧することを懇望し、二宮惺軒に頼んで他の人間から借りてもらったことである。高橋多一郎は水戸藩小姓頭取兼奥右筆頭取であり、薩摩藩士と大老井伊直弼を襲撃することを謀議したが、万延元年二月、桜田事変に先だって、息子庄左衛門を従えて大坂に行き、薩摩藩兵の東上を待っていた。桜田の報至るや、幕吏の探索が厳しく、三月二十三日、四天王寺において庄左衛門とともに自刃した、という人物である。(10)弘化元年に隠居謹慎を命ぜられた徳川斉昭のための雪寃運動を記した『遠近橋《おちこちばし》』は有名である。その日記を読みたがるという事は、文久二年一月十五日に起った坂下門外の変を準備する際に参考にしようと考えたのではないか、という疑いを招くことになろう。

もう一つ、訥庵が惺軒に依頼していた事がある。それは、万延元年七月、禁裡御付武家衆大久保大隅守忠良《ただよし》が京都から江戸に下ったことがあったが、それはいかなる用件であるのか、勅諚などに関する事でかと、惺軒へ探索してくれるよう頼んだ、ということである。惺軒は、後に掲げるように、幕府御小姓組、水野山城守組、永井勘解由の家来であり、また医師であり、時に三十九歳。奉行所は、惺軒が所有していた訥庵書翰などを惺軒の家から捜し出して、この件を口書に加えたのである。(11)

大久保忠良の下向は、武家伝奏正親町《おおぎ》三条実愛《さねなる》公よりの密命を含み、和宮降嫁に関する幕府の誠意を糾す役向きではないかと、当時、やかましく噂されていた。幕府は和宮を人質として江戸に迎えるのではないか、と京都朝廷が疑っていたからである。

訥庵の和宮降嫁政策に対する意見は、文久元年九月一日、孝明天皇の上覧を期して著わした「政権恢復秘策(12)」に述べられている。それは、政策は、和宮を人質に取り、朝廷をおびやかすことに拠って、天皇に西洋と通商することの利益を吹き込み、通商の勅許を得ようとするものだ、また、もし勅許が得られない時には、孝明天皇を廃し、和宮を女帝とするか、幼い皇太子（睦仁《むつひと》。後の明治天皇。当時十歳）を即位させるかによって、幕府の威権をほしいままにし、夷狄と通じて国体を変ぜんとする策略だ(13)、というものである。熱烈な尊王攘夷論者である訥庵にとって、和宮降嫁政策は許せるものではなく、従って大久保忠良の動静が気になり、右のような依頼を惺軒にしたのであろう。

右の惺軒に関わる一件は、訥庵自身が「格別之罪になり候程の事ハ無《これ》レ之歟《なきか》と存候(14)」というように、有罪のための重大な事由にはさほどならない性質のもの、と考えられるが、それはともかく、惺軒が右の取り調べが済んで釈放されたのが一月二十日の事であった。ということは、『藤岡屋日記』第八十六に収められている「戊ノ正月十六日　封廻状」の記事によって知られる。それには次のようにある。

○戊ノ正月十六日

封廻状

一ツ橋付近習番

山本繁《ママ》三郎

四十八

戸田越前守家来

大橋　順蔵

四十七

一ト通尋之上、揚屋江遣ス

同断改、揚屋江遣ス

同

同断、揚屋江遣ス

右於ニ黒川備中守御役宅一、御目付浅野一学立合、備中守申ニ渡之一。

同二十日

同断之上出牢、召連人江預ケ返ス

同人弟《ママ》
大橋　儔次
二十六

同人家来
松平《ママ》錤太郎
二十七

一ツ橋付近習番
山本《ママ》繁三郎

御小姓組、水野山城守組　永井勘ゲ由家来、医師
二宮　腥《ママ》軒

同断之上、差返ス

右於㆓黒川備中守御役宅㆒、御目付浅野一学立合、備中守申㆓渡之㆒。

悍軒は、揚り屋へ入れられることもなく、比較的に軽い取り調べであった。『藤岡屋日記』とは、外神田の御成道《おなりみち》で古本屋を営む藤岡屋由蔵によって収集・筆写され、年次を逐って編まれた文書類である。

なお、同書の次の項には、同じく正月十六日の封廻状が掲げられているが、その内に

三十九

下谷町二丁目、長
吉店
紙屑買紋次郎他
行ニ付、代妻
左多

一ト通尋之上、
差返ス

（中略）

右於㆓黒川備中守御役宅㆒、御目付滝川主膳立合、備中守申㆓渡之㆒。

正月十七日

と、紙屑《くず》商の妻さたが不在中の夫紋次郎に代って取り調べられていることを示す記載がある。これは、訥庵の家などに出入りする紙屑商を通して証拠文書を差し押えようとしたことを語るものであろう。しかし、述べられているように、

証拠となるべき文書は、あらかじめ訥庵夫婦によって処分されており、重要なものは発見されなかったようである。

三　逮捕の事由　その二　頼三樹遺屍収葬／その三　茅根伊予之介墓の件

逮捕の事由の第二は、「先年罪ありて御仕置ニ相成り候ふ頼三樹の墓を建て候ふ事」(「県信緝宛書翰」)である。

頼山陽の三男三樹八郎、名は醇、字は子春が、安政五年(一八五八)の大獄で捕縛され、翌六年十月七日、三十五歳をもって小塚ヶ原《こづかっぱら》の刑場の露と消えたことは、有名である。訥庵がその遺屍を収葬したことも有名であるが、その経緯は、戦後刊行された『江木鰐水日記』上(昭和二十九年、東京大学史料編纂所編纂『大日本古記録』)に詳しく記されている。木崎好尚『頼山陽全伝』下、安政六年では、これを踏まえて書いている節があるが、その記述は簡略であった。以下にこの経緯を詳しく眺めてみることにしよう。

この日、山陽の門人であり、福山藩誠之館教授でもある江木鰐水《がくすい》(五十歳)は、早朝(15)に起きて藩の江戸上屋敷に赴き、同じく山陽の門人である石川成章(後の関藤藤陰)とともに一人の従者を従えて、神田橋に入り、龍《たつ》の口《くち》を渡り、堀に評定所の影が映るのを見ていると、その門外には下僕が雑沓している。各藩の下僕たちが海老色の着物を着て休んでいるのは、判決がまだ下らないからである。鰐水たちは呉服橋の外の茶店柳屋の二階で休むことにし、下僕に評定所の門外まで走って控えていて、囚人(三樹八郎)が門を出て来たならば、急いで戻って知らせるよう命じた。というのも、同藩の武田小藤太が、三樹は重くても追放であろう、軽ければ押込《おしこめ》だ、押込と追放の者は呉服橋から出されると、ひそかに含めてくれたからである。四つ過ぎ(午前十時過ぎ)、下僕が走って戻って来て、橋の上から手を振る。鰐水たちが急いで下に降りると、下僕が言う。

「三樹先生は常盤橋の外に出ました。三丁の唐丸《とうまる》駕籠が飛ぶように行きました。」

そこで、遠島だ、と思って、鰐水たちが急いで走って行くと、駕籠はもう通り過ぎている。さらに追って大伝馬町の牢屋敷まで行くと、大勢の人々が佇ずんで囁きあっている。

三丁の駕籠は大分前に門に入っていて、門内の気配をうかがうが、ひっそりとして影も形も見えない。

石川君と話しあう。

「遠島であれば、また顔を見ることもできよう。しばし柳屋に戻ってみて、藩邸の者が知らせてくれるのを待つことにしよう」

牢屋敷の前の小家に住んでいる町人に尋ねた。

「先ほど三丁の駕籠が走って来て入牢したであろう。どのような処置になるのか」

「与力が十手を手にして駕籠の左右を護りながら、走ってやって来た場合には、すべて斬罪です。（中略）三丁の駕籠の囚人たちは、もう斬られました」

この言葉に驚いてしまい、頭が真っ白になったが、それでも遠島だと思うようにした。昨日、遠島の者が三人いると聞いたが、三丁という数と符合するからである。

再び柳屋に戻って、昼食を取っていると、武田小藤太が手紙をくれた。

鷹司殿内	高橋兵部権大夫	押込
青蓮院宮様内	伊丹蔵人	押込
	山田勘解由	中追放
	頼三木三郎	死罪

とある。

驚きあきれ、悲嘆にくれたが、すぐに憤《いきどお》りも湧いてくる。

聞くに、公儀の御法では、死刑に処せられても、屍には罪は及ばず、すべて非人の物となる、親類縁故の者が銭や物でもって屍を非人から買い、これを葬っても、お咎めにはならない、と。

折角の寛大な法典であり、深いお情けであるのに、拙者が非人に何の働きかけもしないとしたら、薄情のようではあるが、拙者も石川君も藩臣である。藩が重いのであり、ひたすら藩を中心とすべきである。万一、藩に迷惑をかけたならば、大不忠となる。獄吏のすぐ近くにおるのに、面会もせず、言葉もかけないのは、このためである。三樹は、今はもう福山藩の手から離れ、公けの法でもって罪は処刑されている。処刑罪は屍には及ばない。屍を葬るのは信義に基く。私たちが先師の万分の情に報いることが悪かろう筈がない。もしも今の時において、全く他人事のように知らぬ顔をしておれば、義を欠くことになろう。しかし、この事は、早く藩邸に帰って、同僚に相談するにこした事はない。

そこで、藩邸に帰り、武田小藤太氏が帰って来るのを待った。武田氏が帰って来ないので、石川藤陰に邸内の処理を託し、私は諸木兵三に同道を頼んで、八丁堀の与力宍戸《しど》郷蔵《こうぞう》の家に願いに行った。郷蔵は言う。

「駄目だ、駄目だ。尋常の罪人を葬るのならば、銭物を出して非人から買えば、できない事はない。町人で豊かな者は、いつもそうやっている。しかし、このような罪人の場合は、その罪が重大で、貴殿が師恩に報いたいという事で葬ろうとするのならば、必ずや自分の俸禄をすべて投げ出すことになろう。俸禄をすべて投げ出せば、できるだろう。だが、そうなれば、藩に累を及ぼす事になろう。だから、駄目なのだ」

私はこれを聞いて、それ以上頼むこともできず、帰って、これを石川君に告げて、言った。

「小義（埋葬）のために大義（藩への奉公）をそこなう。私らは軽輩で、大義をそこなうのに忍びない。累を藩に及きないか。

そこで、埋葬するのは止めようと決心し、本郷丸山の下屋敷に帰った。この夜は雨が少しく降ったが、眠ることができない。

翌日もまた雨が降っている。侘しいことは言葉にならない。考えてみると、身と首級とが泥土に埋まり、盗人たちの骨と一緒になっているのは、三樹自身が選び取った恥ではある、その父がこの事を知ったならば、憎むことであろうが、骨を収めることができないという無念は、ついにお忘れにならないであろう。

翌八日、石川君が来た。一緒に散歩して、鬱を散じることにする。ああ、悲しい事だ。自分では小義のために大義をそこなうことはできぬ、と思ってみるが、しかし深夜目が覚めた時、昼間独りでおる時には、悲しみ傷む気持が起ってきて、押えることができない。兄復次郎（頼支峰、三十七歳）君は、どう思うことだろうか。幸い、御母堂（頼梨影《りえ》。安政二年没、五十九歳）は、もう亡くなっておられて、この事を知ることはない。けれども、翁（山陽）や母が在世であれば、三樹君はこのような事にはならなかったであろう。梅田雲浜のために誤まられたのだ。

十二日、朝、黒川兵九郎（浩蔵。鰐水の旧門人。時に訥庵の塾に住んでいた）が来った。午後、高橋主税を伴って、小梅村に大橋順蔵（訥庵）を訪れ、夜に帰った。

十五日、また使いを大橋氏のもとに遣わした。

十八日、大橋氏はとうとう私の望みを成就してくれた。黒川平九郎が大きく援助してくれた。昨日、江戸城の出火という大災があったので、私の望みは達せられないのかと恐れていたのだが。

十九日、午前、黒川生が報告に来た。すぐに石川君のもとに行き、明日、小塚原に行って祀ることにした。また大橋殿にも感謝の挨拶をした。

二十日、早起きし、「子春を祭る文」一篇を撰した。散文であり、直ちに紙を広げて、これを書き、推敲を加えなかった。当初は、広小路の結城作十郎の家で待ちあわせて、これを撰し、浄書しようと思っていたのである。これを懐中して結城君の家に行き、石川君と会い、東叡山の麓から千住駅前の小塚原に出、回向院の別荘を尋ねた。小寺である。

この内に入ると、堂の後ろに木の墓じるしが建ててあり、「頼三樹墓」と記してある。痛ましい事この上ない。七日に刑せられた飯泉唯明・橋本左内も、ともに墳墓があり、橋本の墓は石垣で囲んであり、大層立派である。鵜飼知信・知明父子、茅根《ちのね》泰の墓もあり、塔婆が立ち並んでいる。すべて拝んでから立ち去った。

石浜の渡しを渡り、(中略)、大橋殿を訪い、謝辞を述べ、暮に帰った。大橋殿は言った。

「取り持ちには、いささかやり方がある。牢獄の鍵を管理する獄吏は五人おる。この五人に縁を付けて頼み込み、この五人の指図によって、別荘の僧に命じて、初めて埋葬することができる。けれども、事は秘密に属するので、洩らしてはならない。五人の獄吏だが、一人一人に頼み込むことはしないで、誰か一人だけに頼み込めば十分だ。五人は、それぞれこれを秘密にしておく。けれども、この事が露顕すれば、獄吏と別荘の僧とが、真っ先に罪を受ける。だから、決して罪を受けないように行う。これは内密の事だが、実は公然となっておる」

以上は、鰐水の漢文による日記『江木鰐水日記』を訳したものである。『鰐水日記』の漢文は、推敲が加えられておらず、和臭があって、読解しにくいものであり、意を迎えて解した所もあるが、三樹遺屍収葬の経緯は、右の如くであった。

従来は、鰐水が後難を恐れるあまりに収葬を肯《うけが》わなかったとか、隠れたとかいう不名誉な噂が伝わっていた。そうではない。鰐水は、三樹が自分の仕えている福山藩の預りになった以上、自分で勝手に行動することはできず、慎重に熟慮した結果、右のように訥庵に託する方法を考え出したのである。

なぜ、鰐水は、訥庵に依託したのであろうか。その事を考える手掛りになる記事が、やはり『鰐水日記』の安政六年二月二十五日の条にある。[16]

十五《ママ》日、大橋恂三（順蔵の宛て字）を隅田川の東の小梅村に訪れる。小倉庵の東を川に沿って上り、小川の小橋を渡ると門になる。富裕な暮しぶりで、家屋は大層立派であり、床の間には和砲を並べ連ねている。この人には『闢邪小言』という書があり、夷狄を憎むこと讐のようである。それは実に結構な事だが、西洋の銃砲を置いていないのは、毛嫌いも甚だしいと思われる。酒を出して歓待してくれた。この人は経学者であり、今日訪れたのも経書の解釈のためである。けれども、座に訪問者がいて、思うさまに語ることができず、質問しても答えてくれるような機会がない。後日再訪して、その蘊蓄を吐き出させたい。

すなわち、豪商菊地家の婿であった訥庵は、儒者には珍らしく富裕であり、しかも熱烈な攘夷論者である。右に見たように、重罪の三樹の屍を収めるには並々ならぬ費用がかかり、その上に官憲を恐れぬ勇気を要するが、訥庵は資力と勇気を併せ備えており、しかも後述する如く、三樹の心情をよく理解できる人物である。その上、鰐水と訥庵の共通の門人である黒川浩蔵が両者を仲介してくれる。三樹の屍の収葬者として、訥庵こそ打ってつけの人物なのであった。鰐水が訥庵を頼るのも、無理はない。

訥庵も、三樹遺屍収葬が危険な事であるのを知らないことは無かった。江戸に在って佐藤一斎のもとで学んでいた楠本碩水《せきすい》がこの事を心配して、再三忠告したことは、

大橋訥庵が頼三樹ノ遺屍ヲ収葬シタトキ、再三忠告シタゾ。訥庵ヨリ漢文ノ答書モアリ、最後ニハ長イ俗文ノ手紙ガ来タゾ。其ノ手紙ハ容易ニ人ニ示サヌゾ。（『過庭余聞』）

という通りである。この事は『碩水先生余稿』（昭和四年八月刊）二・雑記にも、漢文をもって、ほぼ同じように述べ

られているが、こちらには更に「翌日（安政六年己未十月）直チニ往キテ謝ス焉。訥庵大イニ悦ブ」と、俗牘をもらった翌日、碩水が訥庵を訪問したことを述べている。

碩水の書に答えて、訥庵が所信を表明したものが、「佐佐吉甫に復する書[17]」である。佐佐吉甫は、碩水が一時、佐佐鵲巣の養子となっていたので言う。その内容は、次の通りである。

[18]昨日、御書翰拝受。丁寧な御忠告、貴殿が一事も苟くもしないのが分かります。近ごろ私が三樹の遺屍を収葬しようとするのは、江木鰐水の依頼によるのではありません。私の惻隠の情の為せる技であります。貴殿はたぶん誤った情報で、江木氏の依頼と思い込み、御忠告下さったのでしょう。お手紙にはまた、三樹は学識が雑駁で浅く、斯道を損ずることはあっても、天下後世を益することはない、どうして名教の助けになろうか、それなのに今、遺屍を収葬するのは、江木氏に欺かれているのではあるまいか、とあります。そうでしょうか。そもそも三樹は一介の書生であり、その学識が論ずるに足りないことは、私は愚かではあるが、十分に知っております。その行いが名教の助けになると、どうして言えましょうか。それなのに私が今この事を図るのには、いささか理由があります。思うに三樹なる者は、一介の書生で論ずるに足りない者ではあるが、頼山陽の子ではありませんか。山陽は、雑駁な儒者で、聖人の学には関わらないが、京都の一時の名家ではありませんか。それなのに三樹の遺屍をして、狐狸が食らい、蠅蚋《ようぜい》がたかるにまかせておくのは、ひとり三樹のために忍びないのみならず、山陽のためにも忍びない、と思うのです。とはいうものの、三樹が不軌の乱民であるとすれば、彼が字を知り学を講ずること大塩平八郎のような者であっても、私はもとよりその屍を収めようとは思わない。不軌の乱民でないとすれば、乞食や流人の屍であっても、私はすみやかに出資してこれを埋めるでしょう。まして一介の書生にあっては、名家の子にあっては、なおさらの事です。これが私の憐れんで情を動かす所以であります。まして、一日に三人が刑せられて、その二人

は親族によって葬むられているのに、独り三樹だけは、これを収める者がいなく、狐狸に食われておる。これは仁人君子の聞くに忍びない事ではありませんか。いわんや、前日、刑せられた者は、その思想が明確には知られないが、中には夷狄が跋扈し神州が衰弱することを憤って、禁制を犯した者も、きっといる事でしょう。聞くに、山陽は慷慨の人で、延元年間に後醍醐帝が吉野に移ったことに言及するごとに、涙を流さない事はなかった、という。とすれば、三樹が刑網に触れたのも、夷狄の跋扈・神州の衰弱を憤ったからかも知れません。これも私が憐れんで情を動かす理由です。ただし、私は山陽と師弟の関係があるのではなく、三樹と朋友の交りがあるのでもありません。だから江木氏にその事を担当させようと思ったのですが、氏は柔弱で、ぐず〳〵して実行できません。そこで私が出資して、これを処理せざるを得なかったのです。そういう訳で、私がこの事を図ったのは、名のためでもなく、利を求めたためでもありません。忍びざるの情を晴らしたのに過ぎないのです。だから、最初から私の名を表わすことはせず、ひそかに医生某をして代ってその事に当らしめたのであり、嫌疑に触れ禍いに遭う筈は絶対にありません。私は学問は未熟ではあるが、明哲保身の説を聞くことは久しい。どうしてむやみに禍いに遭い、江木氏に欺むかれることがありましょうか。どうか御心配なく。ああ、人の意見には、急には合致できないものもありましょう。貴殿が私のやる事を視ているのに、私がすっぱりと失行を改めないのは、実にやむを得ない点があるからです。ただ、貴殿の言葉は、たぶん誠実な気持から出ているので、感謝せざるを得ません。以上が私の胸中を吐露して動機を説明した理由であります。貴殿が了解して下さらば幸甚です。十月、大橋順拝。

訥庵は、三樹が「夷狄ノ跋扈・神州ノ陸沈ヲ憤」っている点に、自分と思想が一致することを見出して、三樹遺屍収葬に助力したのである。鰐水の「柔惰逡巡」を嗤笑した訥庵も、「賤名ヲ表襮セズ、竊カニ医生某ナル者ヲシテ代リテ其ノ事ニ当ラシム」と、なかなか慎重に事を運んだのであるが、事の性質が異聞として喧伝されやすいものであるだけに、幕吏にも聞えて逮捕の口実の一つとされ、碩水の懸念が適中したのであった。この間の事情は、碩水が、「徳川氏ノ末世、昇平ニ慣レ、一異事有レバ、則チ人心危懼シ、浮言百出ス。訥庵ノ嫌疑ニ触ルルハ、蓋シ此ガ為ナラン」(「書二大橋訥庵伝後一」『碩水先生遺書』六)と喝破しているのである。

四月初め頃の取調べでは、この一事は、

三樹ノ墓ノ事も奉行所にて与力より申出し候へ共、拙者、其訳を申開き候処、与力も、ソレハ咎ムル程の事にも無レ之、只序《ついで》ゆへニ尋ルノヂヤ、と申候位の事ゆへ、恐るるにハ足らぬ事と存じ候。(四月十日付、大橋巻子宛書翰)

と、大して問題にもされないような感触であったのであるが、官憲の側としては訥庵を追い込む口実の一つとして利用することに執着し、六月二十四日まで持って廻ったのである。そして、後に引くように、『藤岡屋日記』八十六、文久二年閏八月二十七日に掲げられる、この一件の最終的な処分には、回向院の僧見休が、貞吉という者と並んで、「遠島仰せ付けられ候ふ処、押込《おしこめ》」という実刑に処せられているから、この三樹遺屍収葬は、立派な有罪理由となったのである。貞吉は、たぶん屍を処理する非人の名であろう。

逮捕の事由の第三は、「強介が茅根伊豫之助の墓を建て度《た》き趣申し候節、小塚原へ掛合候手続きを教へ遣し候事」(六月二十五日付、県信緝宛書簡)である。これは、右の三樹遺屍収葬と相似た事由であるから、ここに併せ述べておこう。

茅根《ちのね》伊《い》予《よ》之介《のすけ》、名は泰、字は伯陽、号は寒緑は、『水戸烈士伝』上編三に詳伝が備わるが、一橋慶喜の将軍継嗣運動に奔走し、井伊大老の日米条約調印に対する善後策を諸藩の有志と計った廉で、安政六年八月二十七日、死罪に処せられた者である。その仮の墓が回向院の別荘に在ったことは、右の『鰐水日記』に記されていた。強介の事も後述することになるが、児島強介、諱は草臣のことで、茅根伊予之介や訥庵に師事し、坂下門外の変を準備した廉で捕えられ、文久二年六月二十五日に二十六歳をもって獄死した者である。

その強介に対して伊豫之介の墓を立てるための手続きを教えたとは、鰐水に三樹遺屍収葬のための手続きを教えていたのと同様な事を、強介に対しても行っていた、という事であろう。しかし、強介に関わる事柄は、後述するように、坂下門外の変に関わる事であるだけに、強介も訥庵も取り調べに対して機密を洩らさず、官憲も事柄の実否を確認しあぐねたようである。

茅根の碑に関する取り調べの模様は、強介の『孤囚日記』（戸田忠剛著『下野烈士伝』下巻〈明治三十四年、東洋堂発行〉）文久二年二月二十二日の条に記されている。それを引いておこう。

廿二日朝、雨。呼出し有レ之。大橋親子・菊地・岡田・松本・中野・得能・小山・横田・某十人。至レ夜晴。此日、黒川侯吟味に曰く、「師弟の間の事にて、茅根の碑を立るは可レ然事ながら、他《かれ》は御政事に違背候者にて、死罪に相成候者なり。然るを碑石等建候は書を読み候に似合ぬ事」となり。又曰、「斬姦と云こと、水戸にては申すべき事ながら、欝宮《うつのみや》にして姦と云ことは、無之」となり。又曰、「天朝などとは入らぬことなり。いづくの果も公方様の仕配受けぬ処はあるまじ」云々。其愚にして、義理を知らざる事如レ此。

これに拠れば、訥庵も、御政事に違背して死罪になった者の墓碑建立を助けた、という罪を被せられることになろう。

四　逮捕の事由　その四　日光宮擁立運動

逮捕の事由の第四として挙げられているものは、

多賀谷勇、其外の者共が攘夷の勅の海内へ下ル様ニ東叡法王へ御取持を歎願し、それがどふしても叶ハぬ時ハ死力を以て法王を奪ひ、擁して攘夷の大王ニせん、といふ策を申し募りたる時、百方申し諭して、其の説をヤメサセた

る事（県信緝宛書簡）

である。この事に関しては、寺田剛が詳述しているから、私は違う角度から述べることにしよう。

多賀屋《たがや》勇、諱は誠光は、萩藩右田の毛利筑前の陪臣であり、訥庵の門人でもある。彼は、日光宮（輪王寺宮）を奉じて日光もしくは筑波山に拠り、攘夷の先鋒となり、それによって和宮降嫁を妨げよう、という策を立て、姻戚である武州の郷士尾高長七郎弘忠とともに、文久元年十月中旬、水戸に原市之進を訪れ、この策を説いた。原市之進は、名は忠成、字は仲寧、伍軒・尚不愧斎と号し、水戸藩士、藤田東湖・茅根伊予之介の後継者と目された俊秀である。一橋慶喜に近侍して幕政改革に尽力したことは有名である。この時、原市之進は下向のため、多忙の態であったので、多賀谷・尾高は野州へ廻り、十月十九日、訥庵の義弟である菊地教中《のりなか》（三十四歳）にこの計を語り、賛意を得た。二人は教中より託された書翰を持って、二十一日夜に小梅村の訥庵のもとに到着し、翌二十二日、訥庵に大略を語って、その援助を求めた。

その話や、教中が二十四日夜に発した書翰に拠って、訥庵は、商人とはいえ攘夷思想に取りつかれて血気にはやった教中が、この度の輪王寺宮擁立運動に大乗り気で、宮を「護衛や出迎」えるために「種々の兵器ニ大騒ぎを致」している様子を伺い知った（訥庵十月二十八日付、教中宛書翰）。豪商教中は、一党の武器調達の事までも言い出していたのである。しかし、諸事に細密で慎重な訥庵は、はやる教中を、

足下は単身の書生抔とハ違ひ、先考の諸業を受け継ぎ、大家の主人の事故、余り御はやり成され候ふ方ハ、甚だ宜しからず、能くよく形勢御見定めの上、進退を御定め成され候ふ様、徐緩鄭重ニ御謀り成さるべく候。（十月二十八日付書翰）

と制止しているのである。

というのは、訥庵が多賀谷へ策の段取りを問いつめたところ、

法印《じる》し（筆者注。輪王寺宮法親王をいう暗号）奪却の策も、義人（一党をいう）取り集めの策も、未ダ手を掛ケ置き候ふ事にハこれ無く、只今より取掛り候ふ事と申し聞え候。（同右書翰）

という計画性の無さであり、「如何様の手段を以て取り掛り候や」と尋ねてみると、

何分、聢《しか》と致し候ふ見詰《みつもり》これ有り候ふ程の義ニはこれ無き様子

という頼りなさであるからである。

訥庵は、

中なか其の様なる事にて、大挙が出来候ふ物にはこれ無く候ふ間、早々、必死と取り掛り候ふ様に

と諭し、多賀谷へ二十両を渡した上で、二十二日、すぐに多賀谷を各地に一党取り集めに向かわせた。多賀谷は二十七日に帰って来て、「少々ハ手段も出来候ふ趣」きを述べるのであるが、何かまだ頼りにならない感がある。

一方、尾高は尾高で、江戸に残って、法親王奪却の手続きを請けあう様子なのであるが、実の所、「一向手段も出来申さず、空しく数日を暮し候」といった態たらくである。[19] そこで訥庵は、二十七日夜に、

其の様なる粗鹵《そろ》の拙手段にては、迚《とて》も事は成り申すまじく（同右書翰）

と、多賀谷に対して小言を述べている。

右に述べた多賀谷たちの目論見は、二年後に大和において天誅党が、元公卿中山忠光を擁して決起し、親政攘夷運動の魁となる乱を起した事の予兆というべきもので、訥庵も、その趣旨には不賛成ではないのだが、その無計画ぶりにはついて行けないのである。さればこそ、多賀谷たちの運動に対して、訥庵は、

只ただ先方（筆者注、多賀谷・尾高を指す）の説を承《うけたまは》り候ひて、不同意の廉々《かどかど》を詰問して、説を改メサセ候ふ丈《だ》

ケの事故《ことゆゑ》、拙生は表向十分同盟の体ニ致して、実ハ少々脇座ニ相成り居り候ふ事ニ御坐候。（同右書翰）

と、成否いずれに転んでも良いような、良く言えば慎重、悪く言えばズルい態度を取っていたのである。

それでは、訥庵の本当の狙いは、那辺に在ったか、といえば、

拙生の見込みハ、弥よ奪却が旨《うま》く参り候ふ様に見受け候ハバ、其の前ニ一人人物を選び候ふて、花（京都の隠語）の方へ登せ置き、法印シが筑（筑波山）へ拠ると申す事聞へ候や否や、夫《それ》を相図《あいず》ニ攘夷の敕をズッと海内へ下され候ふ様ニ是非謀りたき物と存じ候。……其の敕が出候ふ処にて、（西方の大藩を説き付ケ、花（京都）を護衛致させ候ふ策を廻らし）拙生ハ命をハメ申すべしと覚期《かくご》罷《まか》り在り候。（同右書翰）

と、まず輪王寺宮の筑波山挙兵を確認し、次に天皇に攘夷の勅を出させ、更には薩長などの西国雄藩を味方に引き込んだ上で、さて自分が出馬しようという、慎重の上にも慎重な計略を立てていたのである。それは、後年の薩長による倒幕運動の先取りともいうべき、斬新な構想なのであった。

その後も訥庵は、十一月一日には、駒込の水戸藩邸に囚えられていた志士三十五人を水戸の浪人平山兵介の協力を得て奪い取り、これを一党に引き入れ、彼らの刀剣三十余振りを教中に用意させる計画を考えたりしている（十一月一日付、教中宛書翰）が、それがどれほど真剣な考慮に基いてのものであったかは、疑わしい。というのは、十一月七日に教中に宛てて、明後日には三十人集まるか否か分かるだろうと、計画を着実に進めているような様子を示している一方で、

ミンナニ狂言をさせて、拙は何卒《なにとぞ》桟敷へ廻り、見物ニ相成り度き事と存じ居り候へ共、それでハ座中の気が抜ケ候ふ様子故、甚だ困り申し候。されバとて、拙者の大天狗を申し候ハバ、僕程の立物《たてもの》が一度の芝居をハヅシて、ソレと一時ニ滅《めっ》し候ひては、跡の狂言アガッタリと相成り候ふ事故、それハ残念至極ニ御坐候。右のカネ合《あひ》、誠ニ六《むず》ケ敷《しく》、憚りながら貴君の御痛心よりも余程深き方ならんと自笑致し候。如何

と、甚だ無責任な物いいをもしているからである。これは、自分は高見の見物をしていたいのだけれど、それでは門人たちの尊王攘夷の士気が落ちるだろう、という発言であり、一身の保全を図りつつ、しかも自分の影響力の衰退をも防ぎたいという、何やら俗っぽい了簡が見えすいてくる言い分である。また、「跡の狂言」とは、前述した、天皇の攘夷の詔勅引き出し計画をいっているのであろうが、それを優先させる構想を述べているにしても、芝居の比喩を用いて言っているせいか、これも、大向うの受けを狙った、衒気のような物が感じられる発言である。惣じて、自分が陰で操って、門人たちが踊る様子を見ていて、適当な処で幕を引こう、という計算高さが感取されるのであるが、それは私だけのものであろうか。

結局、多賀谷の日光宮擁立運動は、十一月九日の夜、訥庵が十八、九人の一党へ「満身之精力と誠心」をもって種々ニ説破し」た結果（十一月十三日付、教中宛書翰）、中止となったのであったが、一方では訥庵は、「此の度ハ鳥渡《ちょっと》調練を致して見候ふ様なる物にて、苦心中、大ニ楽み申し候、呵々」と、攘夷運動の予行演習をしているような遊戯的気分をも、一方には持ち併せていたのである。

以上のように、多賀谷・尾高が持ち込んで来た、無謀な日光宮擁立計画を、訥庵は、一応は賛成しているかのように見せかけておいて、実はじっくりと「利害を諭し、成敗の理を論じて取り静メ」（十一月十八日付、教中宛書翰）たのであった。だから、その事は有罪のための事由にはならない、と思われるのだが、こうした経緯が世間には誤り伝えられて、仙台藩士玉蟲左太夫が文久二年から元治元年に至る三年間の事件に関する公私の記録文書を類纂した『文久壬戌官武通紀』三「大橋順蔵始末」第一「大橋順蔵密計之儀に付、某より之書簡抄」には、右一件が次のように伝えられているのである。

去冬十一月末の頃、大橋順蔵、多ケ谷勇と外《ほか》某輩、両三人にて月岡へ参り、水戸藩にて撃剣客なり、面会の上、大橋申すには、

「今天下の勢、次第に陵夷しても、誰一人扶持する者なく、此の姿にては次第に夷人の手に落ち入る計《ばか》りにて、慷慨に堪へず候。仍《よ》って此の度、大事を挙げ候ふ間、同心致し呉れ候ふ」との由、演舌す。
月岡挨拶に、「大事とは何事にて候ふや」。
大橋申すには、「当時、罪魁者《は》、久世《くぜ》・安藤の両閣老なり。此の二人を刺し、上野宮様を擁し、日光へ走り籠城し、義声を天下に布き候ふ心得に候」。
月岡申し候ふには、「其の豪家の内、拙者存じ候ふ者もこれ有り候ふ処、何れも読書は少々致し候へ共、武芸出来候ふ者これ無し。右にては覚束《おぼつか》なく、第一、久世・安藤を刺すばかりもやっと出来申すべきやと存じ候」。
「右者《みぎは》、何程の人数にて致され候ふや」と問へば、ケ様、々々と指を屈し算《かぞ》へ候ふ処、何れも武州・野州辺の豪家計り三十人程、右へ付きそふ者、并びに書生に至る迄《まで》、都合八十人程の由。
大橋申すには、「外桜田の一件、十七人にて、あの通りに候ふ間、八十人にては易き事」と申し候へば、
月岡申し候ふには、「夫《それ》は了簡違いに候。井伊は全く不用心の折柄なれ共、十七人、大半怪我即死、此の度は両家とも用心これ有り。殊に井伊は天命にて、十七人は僥倖なり。且つ久世・安藤を刺し候ふとも、宮様を日光まで如何様の手配にて連れ上げ候ふや」と、尋ねられ候へば、大橋窮し候ふ様子にて、「左様《さよう》に候」などと申して黙し居り候ひて、返事これ無く候。
月岡申すには、「諸侯には一人もこれ無く候ふや」と申し候へば、
大橋挨拶には、「日光へ参り候へば、宇都宮は味方に来り申すべし。外にはこれ無く候ふ処、御藩は如何」と申し候へば、
月岡挨拶に、「中なか左様に迂闊なる事に与《くみ》し候ふ者これ無し」と申し候へば、

大橋申すには、「大義を以て説き候はば、与し申すべく候ふ間、遊説致しくれ候ふ様」頼み候ふ処、

月岡挨拶には、「大丈夫出来候ふ事ならば、説き様もこれ有るべく候へ共、屹度《きっと》破れ候ふ事を説き申すべき様これ無し」と申し候へば、

大橋申すには、「高田侯は如何に候ふや」。

月岡申すには、

「是れ同断なるを以て、愚存には先づ〳〵御控え然るべく候」

大橋申すに、「左様にも候へども、同志中何れも切迫故、中なか延引致すべき様相成らず候ふ間、いたし方これ無し。此の比《ごろ》は一橋侯を説き見申すべく候ふ」。

月岡申すには、「とにかく先づ御控え然るべし。御同意は決して出来申さず候」

旨申し、別れ候ふ処、追々、一橋侯へ遊説仕り候ふものと相見へ、山木が露顕に及び候ふや存じ候。能く此れまで漏れ申さず候。且つ坂下の七人の者は、其の内に相違これ無く候へども、八十人余の内、誰が出、誰が死し候や、更に相分らず候。然るに大橋申し上げ過ぎ候ふ故、連及多くこれ無く候へば宜しき、との事に候。

右の記述では、訥庵が多賀谷勇などと水戸藩の月岡のもとに行き、上野宮擁立の計画を相談し、その無計画ぶりを月岡に嘲笑された、ということになっている。「月岡」とは変名であって、それはたぶん、多賀谷が最初に擁立計画を相談した原市之進をいうのではなかろうか。前述したように、多賀谷と尾高が、当初、原市之進を訪れた事が、このように歪曲されて伝えられているのではなかろうか。

次に、訥庵が計画の無謀ぶりを月岡から嘲笑されている書き様について言えば、前述したように、諸事細密な訥庵が多賀谷・尾高の計画の粗雑さを詰問し、指導していたのが事実であろうから、訥庵→多賀谷・尾高という関係が、『官

武通紀』では、月岡→訥庵という関係にねじ曲げられてしまっていることになる。かくて、『官武通紀』の右の一文を鵜呑みすることはできないのである。ただし、『官武通紀』の記載には、訥庵と多賀谷らの問答が部分的には反映されている、とも見られるのである。

五　逮捕の事由　その五　一橋慶喜擁立運動

逮捕の事由の第五として挙げられているものは、次のような事である。

去冬、岡田・松本が出府して来り、談話の序《ついで》、一橋へ上書致したく申し出て候ふニ付き、同意致し、今春、山木繁三郎方へ行きて、「上書の取次ぎ致しくれ候や否や」と尋ね候ふ節、山木が酒肴等馳走して、段々上書の趣意を尋ね候ふニ付き、「『橋公ハ此節、親藩第一の賢主にて、攘夷の任に当れる方ナレバ、何卒《なにとぞ》攘夷の義を御奮発これ有りたし』と申す事を上書致し候ふ積り」と噺し候ふ処、「其の策ハ如何セバ可ナラン」と申す事を山木が尋ね候ふ故、「只今、橋府の者を帥《ひき》ゐて攘夷せんと思し召しても、ソレハ無益の事故《ゆゑ》、公が野州の御領地へ御出デサヘナサレバ、兼ねて慕ひ居り候ふ民共ゆへ、一時ニ合し候事ハ勿論、拙の門人も、四、五十人ハこれ有り、檄を伝へサヘスレバ、水府ハ近国なれば、早速、馳せ参るべく、其の外、近国の諸藩も同意する事、必定也。其の時、公儀と京師へ攘夷の先鋒を引き受けたき旨、達《たっ》て御願ひ立てこれ有り候ハバ、必ず御成功あらん」と申す事などを談じ、「是らの論を認《したた》め候ふ積《つも》り」と申し聞かせ候へ共、山木が格別乗り込みも致さぬ様子ゆへ、其の侭にして上書も致さず候ふ事。

つまり、文久元年十二月二十六日、岡田真吾と松本鉒太郎が宇都宮から訥庵の塾にやって来て、一橋慶喜擁立計画を訥庵に語り、訥庵がこれを山木繁三郎に相談したのである。

岡田真吾（四十歳）は、名は裕、字は伯柔、梅陵と号す。弘化二年（一八四五）、訥庵の門に入り、嘉永元年（一八四八）、京都の春日潜庵に従遊した。宇都宮藩の大目付兼儒学教授である。松本錤太郎（二十七歳）は、岡田の妻の兄であり、諱は正柱、字は子枉、安政三年（一八五六）に池田草庵に従学した。前引した正月十六日封廻状に拠れば、宇都宮藩士である。

二人の計画に訥庵がかねて抱いていた自分の構想をも加えて練った計画は、一橋慶喜に上書を呈して、これを迎えて日光山に拠り、檄を下野や水戸などの諸藩に飛ばし、幕府と朝廷に対して慶喜が攘夷の先鋒となることを願い出る、というものであった。すなわち、前の日光宮擁立計画の焼き直しのようなものである。

『下野烈士伝』下巻「岡田裕」には、岡田らの当初の計画と、逮捕後の取り調べの経緯を詳しく述べた書翰（宛先は不明）が掲載されている。

岡田の計画の内容と、それを扱う訥庵の行動を確認するために、その一部を読みやすい形にして引いてみよう。

小生の罪を得候ふ一条は、夷狄の害を除き、恐れながら宸襟を安んじ奉り、幕府を安平ならしめ、御家（宇都宮藩）をも安からしめ、万民左衽の疾苦を救ひ、天祖並びに東照宮の霊を慰め奉りたき種々の思ひに堪えず、さりとて言語等にて行はるべき時節にこれ無く、且つまた今、天下夷狄となり果てんとする時に候へば、徳の高下、身の貴賤を顧みる時節にこれ無く候ふに付き、一橋刑部卿殿は兼ねがね御賢明の聞へこれ有り、御領知の者へも御様子等承けたまはり、穿鑿相遂げ候ふ処、何れも極めて愛戴致し居り候ふ間、此の御方に上言致すべしと存じ立ち、松本錤太郎に相談、同意に付き、乃ち一橋公への上書一通（但し此の上書草稿、并びに天朝及び田安への上書・檄文・示民書付等は失せ申し候）、其の書の大概は、

御屋形を立ち退かれ候はば、所々より御迎への人数、馬上或いは徒《かち》にて罷り出で候ふ、機会大いに備り居る事に候、

其の節、御後見田安公へ書を呈され、同時、京師へも右の趣意を御建白、諸大名並びに在々へも檄文を伝へられ、路傍へは其の趣意を建札致し、民家等に恐怖致さざる様成され、先ず幕府の奸臣を誅され、然る後、漸々、七夷と交易御断り相成り候ふ様致したき旨に御座候。

仍って京師並びに幕府への上書・檄文・榜示の文等を一々草稿致し、兼ねて児島強介とも談じ置き候ふ儀もこれ有り、同人は既に出府罷り有り候ふ故、取り急ぎ、去る己酉（文久元年）十二月廿四日、松本子同道にして宇都宮出立《しゅったつ》、同廿六日、着府の処、事成らずして誅され候はば、必ず小塚原に屍を曝し候ふか、又は回向院下屋敷へ埋められ申すべき心得故、先ず鵜飼（吉左衛門父子）・頼（三樹八郎）等の墓所へ詣でて、我が屍の捨て所を一観致し、即ち小梅庚申塚の辺に住宅罷り有り候ふ大橋順蔵方投宿、一橋への手続等、錤太郎倶に捜索致し、都下の様子等承けたまはり候ふ。

折柄、訥庵子、計らずも一橋殿御近習番山木茂三郎と申す者（先年より聴講等に罷り越し、且つ訥庵子を一橋へ召し抱へたき旨の使者に度たび相越し候ふ者にて、気節もこれ有る者なれども、召しに応ぜざりしより耻ぢ候ふや、近来は打ち絶え居り候ふよし）語り出で候ふに付き、其の人の様子、委細承けたまはり候ふ処、手堅き人にて、大事を明し候ひても発露致し候ふ者にこれ無きよし、訥、申し聞かせ候ふに付き、出府の所以《ゆゑ》相話し候ふ処、訥も至《し》極《ごく》同意にて、右に付きては訥の方にも種々よき枢機もこれ有り、乃ち年礼の序、山木を訪ひ、山木並びに一橋近来の様子、篤《とく》と探索、愈よ志有るに相違これ無く、大事を語るに足り候はば、側《ほのか》に申し聞け試み、然る後徐々に上書の義相託し申すべき旨、訥、申し聞け候ふに付き、乃ち相託し置き、外に緊要急迫の用事もこれ有り、訥並びに松本錤太郎・南八郎等と種々繁雑中、当壬戌正月八日、訥、山木茂《ママ》三郎を訪ひ、夜に入り帰宅、訥申し聞かすには、「山木へ面会候ふ処、種々馳走等差し出し、雑話中、一橋の様子承けたまはり候ふ処、『何れも奮激とは察せられ候へども、流石《さすが》大器故、色には見へ申さざる』よし、且つ山木も慷慨の様子に付き、一条荒増《あらま》し相話し候ふ処、一旦は驚き候ふ様子に相見へ候へども、篤《とく》と相考へ、『何れにもしほ合《あひ》これ無く候ひては、書付け差し上げ候ふ儀に相成り兼ね候ふ間、近日閑《ひま》これ有り候ふ節、大橋順蔵より密かに上書致したき旨申し聞け候ふ間、取り次ぎ差し上げ候ひても苦しかるまじきやの旨、御内慮相伺ひ、其の上にて書付けは御受け取り申すべき』旨、山木申し聞かせ候ふに付き、頼みて帰り候ふ」よし、訥より話これ有り。

これを読むと、岡田・松本の計画には「幕府の奸臣を誅す」る事があったが、文久二年一月八日、訥庵が一橋慶喜御近習番山木繁三郎に面会した折には、この事は話さなかったらしいこと、幕府と朝廷へ「攘夷の先鋒を引き受けた」き願いを出す計画を、訥庵が後から付け加えたらしいこと等が分るのである。

訥庵から慶喜擁立計画を聞かされた山木繁三郎が、どのような行動を取ったかは、『官武通紀』三「き断密計露顕之儀に付、某より之書簡抄」に、比較的具体的に伺うことができる。

大橋順蔵儀、一橋付き御近習番山木繁三郎と申は、師弟等の訳《わけ》を以て、旧知の者にこれ有る由の所、久々とて面会仕《つかまつ》り候ふに付き、繁三郎（ママ）を別間へ招き密談仕り候ふ趣は、

「此の度《たび》、一橋様を水戸表へ御招き候ふ上、一方の大将と頼み奉り候ふ一儀相企て候ふ処、板橋駅より水戸表迄《まで》の間は、路次の警衛始め、御供の儀迄もそれ〴〵手配でき候へども、一橋御屋形より板橋迄、御連《つ》れ立て上げ候ふ儀に殆ど窮迫致し居り候ふ間、何卒其許《そこもと》手配を以て、窃かに板橋迄連れ立て上げくれ候ふ様、折に入り頼み込み候ふ」由の処、

右繁三郎、以ての外、恐怖いたし候ふ由、「中なか容易ならざる儀にて、とても私ども手配に出来兼ね候ふ」由、達《たっ》て辞退致し候ふ処、順蔵、事に由り候ひては、右様の儀相談仕り候はば、繁三郎、殊の外悦び申すべき心得にて、

密談に及び候ふ処、案外の挨拶ぶりに付き、色々相宥《なだ》め、其の侭相分れ候ふ由に御座候。
然るに、繁三郎、帰宅後、如何にも心配仕り、夜中も臥し兼ね候ふ程にこれ有り、何分尋常ならざる事ども故、打ち捨て置き難く相心え、御付き御家老の方へ密々申し出で候ふ処、是は其の侭捨て置かれ難き由にて、久世殿へ御内達に及び候ふに付き、御召し捕りに相成り候ふ由に御座候。

訥庵の計画を聞かせられた山木繁三郎が夜の目も合わないほどに心配して、慶喜の御付き御家老にこの事を告げ、御付き御家老から老中久世大和守に訴え出た経緯がよく分るのである。

右の計画内容と、山木訴えの経緯とは、『藤岡屋日記』第八十六に収められている本事件の処刑申渡しと大むね一致する。

○文久二年壬戌年閏八月二十七日

刑部卿殿近習番
山本（ママ）繁三郎

此者義、戸田越前守家来病死、大橋順蔵相越、外夷渡来以後追〻物価高直ニ相成、戎狄之為全人民を苦しめ候は神州之瑕瑾ニ付、身命を抛、戎狄を退け申度、兼〻刑部卿殿ニは御賢明之聞へ有レ之候間、攘夷之計策被レ為二思召立一、御忍ニ而板橋迄御出有レ之候ハヾ、順蔵弟子其外之者共四五十人ハ駈集可レ申、右之者共御供ニ被二召連一、日光山江御潜行、諸大名は不レ及レ申、国〻在〻迄檄文を伝候ハヾ、常州辺之者共は勿論、戸田家之口十分御人数御集メ之上、外夷追討之儀を公辺幷京都へ御願立相成候ハヾ、必定御成功可二相成一、金銀米銭等之（ママ）御領地之内ニ大家も有レ之、野州宇都宮表ニは順蔵妻之里方も有レ之候間、筋立之儀ニ候ハヾ、相応之御用金等為二差出一可レ申見込ニ有レ之、尤委細之儀は上書ニ認可二差出一間、御屋形江差上呉候様被二相願一候ハヾ、不二容易一儀ニ付、不二取敢一其筋江可二申

立一候所、猶予致し候段、不埒ニ候得共、乍レ然も中立候儀ニ付、咎之不レ及二沙汰一候、右之通被二仰渡一奉レ畏候、
為二後日一仍而如レ件。

戸田越前守家来
岡田　新吾

死罪被二仰付一候所、中追放、於二在所一蟄居

同
松本鉷太郎

右同断、軽（追脱）放同断

松平大膳太夫家来
多賀谷勇造

中追放、同断

（貞吉
見休

遠島被二仰付一候処、押込

大橋順蔵死養子
大橋　儔次

右順蔵妻
まき

無レ構

戸田越前守家来

病死　　大橋　順蔵

吟味中病死ニ付、其旨可レ存。

病死（ママ）　　菊地介之助

存命ニ候得共、主人方暇差遣し、武家奉公構。

右の記録は、公儀の申渡し書と認められるから、その内容に大きな誤りは無いであろう。そして、右の記録と前引した『官武通紀』の記載とは、大むね一致しているから、『官武通紀』の記載は、今度の場合には信用してもよいもの、と考えられるのである。ただし、『官武通紀』で、山木を訥庵が別間へ招いたように記しているのは、誤りである。

右の記録によって、一橋慶喜擁立計画が訥庵たちの罪状の主要な物とされたこと、訥庵が慶喜をどのようにして一橋邸から板橋にまで連れ出すかに腐心していたこと等が確認される。また、戸田藩の助力を見込んでいたこと、攘夷先鋒の件を幕府と朝廷へ願う積りであったこと、更には宇都宮の妻の実家菊地家の財力を宛てにしていた事なども知られるのである。

この戸田藩の援助・攘夷先鋒の願い・菊地家の助力の三件に関しては、岡田新吾が全く考えてもいなかった事で、訥庵独自の構想であったことは、後に引く岡田の書翰と対照することによっても確認することができる。

すなわち岡田は、文久二年一月十八日には宇都宮の自宅に在ったが、その日、江戸屋敷の徒目付から吟味の筋の連絡が入り、翌十九日、警護の者と宇都宮を出発、二十一日、江戸新寺町の上屋敷へ到着、監察役から、南町奉行所に出頭した際には「我が一藩」に関わりが無いことを申し開くよう念を押されるのである。もとよりその積りであった岡田は、翌二十二日、南町奉行所の白洲にて黒川備中守から、吟味も無いままに揚り屋入りを申し付けられ、牢屋敷からの迎え駕籠に乗って小伝馬町の牢屋敷へ行き、揚り座敷一の部屋へ入れられる。

二十三日の吟味では黒川備中守から、訥庵や松本などからの申し立てと合致するかを、一つ〳〵取り調べられたが、「戸田藩家老戸田三左衛門・間瀬和三郎等も同意にて、挙藩一致」にて計画致したか、という点については、これを否定したので、訥庵・松本の申し立てとは齟齬し、備中守はいぶかしんだ。

且つ実に小生は存ぜざる事共迄、山木茂《ママ》三郎へ大橋より申し聞け候ふ儀もこれ有り候ひし事と相見へ、軍用金の都合あり、征夷の勅書を請ひ候ふ儀迄、穿鑿これ有り候へども、存ぜざる旨申し立て置き、且つ又、三左衛門・和三郎等存じ居り候ふ儀には決してこれ無く、松本・大橋の外に談合し候ふ旨、一人もこれ無き旨達《たっ》て申し立つ。

という事で、訥庵は岡田が知らない内に、山木繁三郎に対して菊地家からの軍用金や、攘夷の勅書の請願の事などを話していたことが、これに拠って確認できるのである。そして、戸田藩の御家老の加担の事も、訥庵が勝手に山木に対して持ち出したことが知られるのである。

さて訥庵が、慶喜に対して、どのような内容の上書を呈したかったか、というと、

上書ノ趣意ハ、夷狄、近来、別シテ跋扈シテ心髄ニ入ルノ勢アレバ、今ニモ異変測ルベカラズ、万一、夷狄ノ変ノ起レル時ハ、橋公ナド一番ニ奮発シテ攘夷ノ任ヲ申シ受ケタマフテコソ、忠トモ孝トモ云ベシ、然ルニ近来世ノ中ヲ見ステ、、山林隠逸ノ士ノ如キ心ニナリテアラセラレテハ大イニ不可ナルコトユヘ、其ノ心ヲ変ジタマヘ、ト云フ処ガ大主意也。（文久二年六月二十六日付、清水昌蔵等宛書簡）

と、世に出でて攘夷の任を引き受けよ、という趣旨のものであった。これは、ペルリの来日した嘉永六年の十月に、訥庵が慶喜の父徳川斉昭に対して献策した『鄰疝臆議』の趣旨と同一のものである。ただし、今度の場合は、慶喜の決起

を促す上書であるから、幕府の免許が降りない場合には、

姑ク権道ヲ用テ伐夷ノ事ヲ願ヒハナシニナサレテ、野州辺へ赴キ玉ハバ、御領知ノ者ドモ、兼ネテ公ヲ慕ヒ居ルガ上ニ、夷狄ヲ悪ムコトハ下民一統ノ情ユヘ、数万ノ勇士、立チ処ニ集ルベシ、ソレヲ引率シテ夷狄ヲ掃攘シタマハバ、最初願ヒ放シノ過失ヲ償フノミナラズ、天下ノ大孝大忠ト云フ物也。（同右書翰）

と、免許を得ないままに決起するのも已むを得ない、と過激な論になっているのである。ただし、右の趣旨は、

是レ拙ガ考へ出シタルコトデハナク、真・喜（岡田新吾・松本鉷太郎）ノ両人ガ拙へ談ゼシユヘ、拙モ尤ト同ジテ、其ノ談ニ潤色ヲ加ヘ、右ノ如ク草稿セント思テ、山（山木繁三郎）へ取次、成否ヲ問ヒタル時（同右書翰）

と、岡田・松本に誘発されたものだと、あくまでも訥庵としては言いたいのであった。

この上書は、しかし、右に続く文言に、

山ガ「如何ナル論ヲ上書セラルルニヤ」ト尋ネタルユヘ、右ノ大意ヲ噺シ聞カセタル迄ニテ、畢竟我々三人ガ思ヒ付キタル空論ナレバ、別ニ証迹アル事実モナク、今マデ段々ト取リ組ミタルコトニモ非ズ。（同右書翰）

というように、訥庵らの胸中に醞醸されていただけの空論であって、実行に移されているものではなかった。

ところが、大意を聞いた山木は、その時点で既に大分動顚していたのであろう。取り調べになると、

山木ガ妄言ヲ発シテ、「其ノ節、懐中ニ上書アリシ様子也」ト言ヘル（同右書翰）

と、訥庵ができあがった上書を懐中しているかに思い込んで、これを黒川備中守に申し述べてしまったのである。黒川が、

是非、其ノ上書ヲ出セ……大儒ノ聞ヘアル者ガ、二人位ノ書生ノ言ヲ聞キテ俄カニ同意スル謂ハレナシ。是レハ必定今マデ段々ト下地ヲ組ミ立テ、ソレガ最早過半ニ及ベルユヘ、此ノ上ハ一印（一橋慶喜）ヲ将帥ニスレバ、スグ

ニ事ハ成ラント見込ミテノ事ニ相違ナシ。ソレヲ無根ノ空言ナドト言フハ、儒者ニ似合ハヌ鄙怯ノ陳ジ様也（同右書翰）

と、訥庵を苛責するのは、避けられない事であった。

慶喜擁立計画は、前の日光宮擁立計画の挫折から幾日もたたない時のものである。だから、訥庵としては、前の場合と同様、岡田・松本を失望させないために、暫し二人に運動させておいて、自分はなるたけ表面には出ないで機が熟するのを待っていよう、山木が上書の取り次ぎに意欲を示さないのならば、この計画もそれで幕引きにしよう、というぐらいに考えていたのかも知れない。しかし、日光宮擁立計画の場合のように仲間内だけで謀議していたのとは事変って、山木のような外部の者にまで漏らして、ために計画が官憲に曝された以上、疑獄が成立するのは致し方がない事である。いわんや訥庵自身にも「実ハ山木ガ宅の酒間にて、勢ニ任せて話し候ふ時ハ、其の様なる語気に申したるに相違なく、市尹が山木の申し立てを信じて居るも、其の筈と存候」、（六月二十五日付、県信緝宛書翰）と、計画を部外者に明かしてしまった自覚があるにおいておや。その上に更にまずい事には、訥庵が逮捕されて三日後の一月十五日には、主席老中安藤対馬守信正が、水戸浪士ら六人に坂下門外で襲われて負傷する、という事件が起ったのである。

六　逮捕の事由　その六　坂下門外の変援助

逮捕の事由の六については、次のように記されている。

当正月、坂下ニ於て安藤侯へ浪籍《ママ》致し候ふ数人の内、細井忠斎《ママ》ハ山田宗庵と名乗りて、昨年、強介を尋ねて拙宅へ参り候ふ節、面会仕り候ふ者也。又、顕三と申す者も、昨年、度たび尋ね参り候ふ医生に付き、外の者も右同様懇意の者にて、世話致し遣《や》り候ふ事ならんとの御吟味ニ候へども、右の両人のほか面会致し候ふ者これ無き故、正望（正月十五日）の事ハ夢にも存じ申さず。又、「右の者共が懐中致し罷り在り候ふ斬奸趣意書と申す者ハ、其の方加筆致し遣はし候ふ物ならん」との御尋ねニ候へども、是亦た毛頭右様の義これ無く、聊も存じ申さざる事、相違御坐無く候。（六月二十五日付、県信緝宛書翰）

細井忠斎は、細谷忠斎の誤りであろうが、平山兵介繁義の変名である。平山兵介は、水戸藩士、児島強介と謀議し、坂下門外に安藤信正を襲撃して闘死した者である。享年二十二歳。顕三は、越智（河野）通桓、字は士威、下野国河内郡吉田村出身の医師で、やはり坂下門外の変で闘死している。坂下門外の変の志士たちを訥庵が世話し、彼らが事変の折に懐中していた、斬奸趣意書は訥庵が著わしたろう、との疑いである。訥庵は、平山兵介・河野顕三とは一応の面識はあるものの、さほど親しくはなかったような物いいをしている。そうした言い方は、三ヶ月前の清水昌蔵等宛書翰（三月十九日付）の、

顕蔵ト言フ者ハ鼎吉（小山《おやま》鼎吉。名は朝弘、春山と号す。下野国芳賀郡真岡の人、坂下門事件に連累して、文久二年二月に捕えられ、閏八月、放免さる）が近郁の医者ニテ（磯野ノ弟子ナリ）[20]、昨年中、両三度モ拙宅へ来レル者也。又、強介モ昨年、両度斗リ拙宅へ来リシガ、其ノ時ハ会津ノ医生山田某ナル者、強介ヲ尋ネテ訪問セシカバ、一宿サセタル事アリ。其ノ山田ハ、此ノ間、奉行所ニテ聞ケバ、水（戸）ノ浪人ニテ、強（介）ト兼ネテ懇意の者ゆへ、強も其ノ者ト約シテ坂下へ出ル積リナリシカド、病ニ因リテ生存セシト也。

という文言でも同様である。とりわけ、山田宗庵こと平山兵介については、ただ一度宿泊させただけの関係である、という。

しかし、児島強介と平山兵介の名は、文久元年九月以来、訥庵の書簡に頻繁に見えることは、以下の叙述がおのずか

ら明らかにするであろう。また、訥庵が倒奸の一事に関わっていたことも寺田剛が明らかにしていることであるから、以下、寺田剛が用いなかった書翰資料に拠って、訥庵が倒奸一事にどのような形で関わっていたのかを検討することにしよう。

訥庵は、文久元年九月十四日の時点で、早くも児島強介と倒奸一事を話題に上せていたようであるが、一方では「近頃、窃かニ拙生の身分を幕吏ども探索致し候ふ様子」を聞き付けていて、嫌疑を避けるために水戸の浪士を多く自宅に来させることはしない旨を述べた上で、更に

何事も機会に乗ずるハ、時を俟つ事第一に候へども、策の手筈と申す者ハ前方ニ定めて置カザレバならぬ事に候ふ間、強介子と龍（水戸）の人壱人位は窃かニ弊盧へ参り呉れ候ひて、手筈を約定致し置き度き物ニ御坐候ふ間、（九月十四日付、教中宛書翰）

と「倒奸」の打ち合わせのために強介と水戸浪士の内の一人ぐらいが訥庵塾を訪れるのは構わない、といっている。

次に、

雪（戸田三左衛門）よりの荷物壱箇（人物をいう謎語）相遣し下され、昨夜相届き、慥かニ請け取り申し候。折節、強介は留守ニ付き、拙者相改め候ふ処、真物ニ相違これ無く、印鑑等も所持致し居り候ふ間、則ち拙方ニ留め置き、今朝、強介を呼びニ遣し、只今参り候ひて、種々相談最中ニ御坐候。（十月十五日付、教中宛書翰）

というのは、戸田三左衛門が斬奸のために派遣した平山兵介の確認のために強介を来宅させている事を言っている。すなわち、十月十五日に平山兵介と児島強介および訥庵が初めて訥庵の家で顔をそろえたことを伺わせる文面である。この「雪よりの荷物」が、倒奸のために派遣された人物をいう謎語であることは、

雪の方より参り候ふ者ハタフカン（倒奸）の方へ一心不乱にて、其の事ばかり拙生へ談じ掛け候ふ故（十月二十二

日付、教中宛書翰）

という文面によって判明する。更にそれが平山兵介であることは、

龍雪和尚は兼ねてタフカンの説に一途に相成り居り候ふ処、（多賀谷・尾高から日光宮奪却計画を相談されたが、その無計画ぶりに）和尚も容易に信服致さず、何れ一旦帰国致し候ひて、同志の料見を承り、評決の上、兎も角も致すべしと申す事にて、今朝、強介一同和尚を発し候ふ故（十月二十八日付、教中宛書翰）

という文によって明確になる。「和尚」とは、寺田剛もその著一八七頁に述べているが、文久元年二月、泉州堺において三人の水戸藩士が捕われようとした時、独り逃れて水戸に帰り、頭髪を落して難を避けたため、爾来、入道・和尚などと呼ばれた平山兵介のことだからである。

かくて、文久元年十月十五日に、訥庵と児島強介・平山兵介は、訥庵宅で一緒になっていた。この時の平山兵介のことを、前引した三月十九日付書翰などにおいて、訥庵は、「会津の医生山田某」とか「山田宗庵」とか称して、官憲の眼をくらましているのである。

さて、前述したように、児島強介と平山兵介は、十月二十八日、一緒に宇都宮を指して出発するのであるが、強介が多賀谷・尾高の日光宮擁立計画に不同意であったことは、従来言われている通りである。それ故、訥庵も、

拙生も強てタフカンの説を弁破致し候ふ事にも参り申さず、何れの説にても慥かに出来候ふ方を致すが宜しと申し置き候。此の後、和尚の出府迄にハ、両生（多賀谷・尾高）も必死と周旋致し候ひて、和尚を感心させんと心掛け候ふ様子故、どちらか出来申すべく候。何れにても和尚と両生再会の節、議論一定ニ帰し申すべしと存じ候。拙生は影武者故、双方へ両点バリなり。御一笑下さるべく候。（十月二十八日付、教中宛書翰）

と、強介たちの倒奸を強いて止めさせる事もできず、倒奸か、日光宮擁立か、どちらでも可能な方を実行すれば宜しい、

所詮、自分は背後で操っている人物なのであるから、どちらか一方の計画が実施されれば良いのだ、と相変らずの日和見的な態度を取っているのである。このような所が、私には、訥庵が真剣に生命を賭して攘夷運動を行っているのではなくて、自分を安全圏に置いた上で志士を操り、うまく行ったら儲け物で、良い折を見はからって出馬しよう、と要領のよい計算ばかりしているような人物に思えるのである。

計算といえば、とにかく事を起すためには資金が必要で、志士の往来一つにしても資金がかかるのであるから、訥庵の関心は、斬奸計画よりも、むしろ兵介たちの資金をいかにして捻出するか、という点の方に在ったようである。十月十二日の時点で、訥庵は、

此の度、雪より参り候ふ者も、支度彼是の為に五円程備用致し度き旨申し聞け候ふに付き、貸し遣し申し候。右等の始末にて嚢底殆ど空虚と相成り、甚だ困り候へども、お巻へ談じ候ひてハ叱責を受け候ふ事故、一向相談も相成り申さず候。願くハ足下の御力にて御都合出来候ハバ、御助救下されたく希ひ奉り候。（十月二十二日付、教中宛書翰）

と、平山兵介に仕度金五両（現在の約二十五万円）を貸したため、金欠となったが、それを妻に言うこともできず、教中に対して援助を求めているのである。

十月二十八日に強介と兵介が宇都宮に立ったことは前述したが、その時も、

南八上途の節の十円は、足下より命に付き、渡し候ふ事也。強介へ貸し候ふ十円は、足下の御頼みニハこれ無く候へども、強介、拙宅へ参り候ひて懇請故、貸し遣し候ふ訳也。然る処、両口とも其の侭にて、残らず貧儒の拙生の損失ニ相成り居り申し候。其の外、龍雪の和尚も、勇気は十分これ有り候へども、若年故か、物事粗鹵にて、過日貸し遣し候ふ五円を最早失ひ候ひて、今朝発足ニ路用これ無き趣故、過刻貳円遣し申し候。強介も存外締りのあし

き男にて、拙生を十円倒し置き候ふ上、此の間、貴地より到着の節、駕籠屋へ払ひ候ふ金子これ無く候ふ故、壱円借用致し度しと申し候ふに付、拠《よんどこ》ろ無く貸し遣し、其の後、昨朝は馬喰《ばくろ》町の旅店より使を差し越し、旅店の払ひ出来兼ね候ふニ付き、又々壱円貸し呉れ候ふ様申し越し候ふニ付き、是も貸し遣し申し候。右様の訳にて、如何にもツマラヌ損失多く、空虚ニ相成り候ひて、お巻へ咄も出来申さず、甚だ困却仕り候。去りながら、何れも折角の志これ有り候ふ者故、少々の過失ハ宥恕致し候ふ方と心得候ひて、其の侭にハ致し置候へども、元が貧儒の拙者の事故、手元不如意にハ当惑仕り候。……借財と申しテハお巻が不承知なり、店より借財の名目ニ相成り申さずして、四五十金御融通下され候ふ御功夫《くふう》ハこれ無く候ふや。（十月二十八日付、教中宛書翰）

と、強介や兵介からたびたび金銭をねだられて、これを用立て、ために妻お巻にも顔向けできず、またぞろ教中に、お巻には内緒だがと、四、五十両という大金の工面を頼んでいる始末である。（なお、南八上途の節の十円とは門人椋ノ木八太郎（南八郎）に密奏を持たせて、九月五日に上京させた際の出費をいう。）

宇都宮へ遣った強介にしても兵介にしても、二十代前半の血気盛んな連中であるから、訥庵としては失費の心配のみならず、

両人ともに粗豪にして縝密ニこれ無く、其の上、酒を好み候ふ故、一酔の上ハ妓楼茶肆の辨別なく高声に豪談を発し候ふ様子故、如何にも機密を泄《も》らして事を敗り候ふ様の過失を仕出し申すべきかと甚ダ危く存じられ、拙者甚だ心配仕り候。元来、龍（水戸）の者ハ、此の節、八方より属目致し居り候ふ処、右の如く茶肆・妓楼等にて傍若無人ニ豪談致し候ふ様にてハ、何《い》つ何時、疑怪を受けて捕れ候はんも計り難く、彼等左様ニ相成り候へバ、拙生迄ツマラヌ事にて禍を蒙り候ふ訳故、何とも安心致し難く、夫《そ》れ故、此の間発足の節、余程其処を戒め置き候へども、何分酒と申す物は狂薬にて、一酔の上は放心致し候ふ事故、油断相成り申さず候。此の節、当地（江戸）の様なる

危嶮の場合ニ、右両人の如き粗豪の気象にて、且つ嫌疑これ有り候ふ者、長く滞留致し候ふ事、如何にも良計ニこれ無く、拙者も連累の懼《おそれ》これ有り候ふ間、何卒《なにとぞ》、此の方よりシホアヒを見て報道致し候ふ迄は、其の地に御留め置き下さるべく候。（十一月一日付、教中宛書翰）

と、酒色を好む両人が秘密を洩らし、ために自分まで巻き添えを食うのではないかとも懸念して、あわよくば両人をこのまま宇都宮に閉じ込め、厄介払いしたい態なのである。

しかし、そのように下駄を預けられた教中は教中で、強介と兵介が十一月四日夕刻に宇都宮に到着したところ、

今夕刻、強介、江戸より壱人の者（兵介）同伴ニて参り候ふ処、是も同じく小生宅へ向かひ来り候ふ儀、必定是ハ母第一ニ疑ひ居り候ふ人物故、直ちニ参られ候ひては誠当惑ニ付き、（宛先人某が）途中ニて御逢ひ下され、小生宅へ参らざる様ニ仕度きものに御坐候。壱人同伴の者ハ、主税君（中里主税。宇都宮二荒山神社社家）え談じ置き、神楽寺（二荒山神社域内）へ相頼む心得ニ御坐候。強介は自身、宅へ直ニ参り候ふ様ニ御伝言相願ひ度き儀ニ御坐候。（教中、十一月四日付、某宛書翰）

と、地元出身の強介は受け入れられても、桜田門外の水戸浪士もかくやと思われる風体の兵介を、母の民子に会わせる訳にはゆかず、その置き場を別に考える態たらくである。

況んやまして、豪商の教中にしても、たびたび訥庵から資金を催促されると、大番頭の渋面に対して気兼ねせねばならず、

此の両人（強介・兵介）より金をかし候へと御宅へ参り申すべく候。小生方へ談じ来り候へども、実に小生も多分の私金を用ひ尽し、今ハ誠ニクリ出の都合六《む》ケしく、ニッチモサッチモ出来申さず、甚だ当惑至極仕り候ふ間、漸く懐中をたたき差し遣し候ふ間、貴君より御渡し下さるべく候。（教中、十一月某日付、訥庵宛書簡）

と、金を容易には出せなくなるのである。

このようにして、資金繰りの苦労は、倒奸の日を十二月十五日と仮に定める頃までも付きまとって、平山兵介から教中に十二月四日に出した書翰（『大橋訥庵先生全集』上巻三五〇頁）には、

其の節、御咄御坐候ふ金の儀、訥先生へ談し候ふ所、残金迠《とて》は少しもこれ無く、都《すべ》て損致し候ふ様との咄ニて、必死（斬奸）指《さ》し支《つか》へ居り候ふ処、南八子周旋ニて、金もどふか出来に相成るべく、タフカン日限も愈よ十五日と相決し、十日迄国元よりも人を送り呉れ候

と、訥庵が、金も出せないのだから斬奸を思い止まるよう述べたことが窺われる文章が存する。

右の推測を裏付けるものが、訥庵が十二月二十一日に教中へ宛てた書翰の文言である。この時には、十二月十五日の倒奸は延期になっており、訥庵の手元には教中からの五十両が江戸店の番頭源兵衛を介して届けられていたのだが、兵介・南八・淡雲（得能淡雲）・藤四（横田藤四郎）の四人からこれまでの諸経費をも含めて三十両以上与えるように要求してきた。そこで訥庵は、

拙生手元も、過日のシッポ（未債の貸金）今に遺り居り候ふ事、多々これ有り、迠《とて》もサワ（三十両）の上ハ壱文も融通出来兼ね候ふ故、足りても足らずともサワにて是非相済ませ申すべし。若しそれが不承知ならバ、拠《よんどころ》なき事故、止メに致し候へと申し切り候て、四人の者共、甚だ窮し居り候。

と、これ以上は出せないから、斬奸を中止せよ、と勧告している。これはハッタリでも何でもなく、訥庵としては、我が身に嫌疑がかかる恐れのある計画を止めたくなってきた節も存したのであろう。

だから、教中が、斬奸と同時に、一方の同志が会津藩邸へ駈け込んで、攘夷の盟主となるよう訴え出る、という策を提案したところ（教中、十二月十九日付、訥庵宛書翰）、訥庵は厳にこれに反対したが、それは、

壹人たりとも欠け込み候ひて、若し拷問抔ニ遇ひ候ハバ、拙名等を泄《もら》し候ふ患《うれひ》も出来申すべし。（十二月二十五日

付、教中宛書翰）

と、生き残った志士の口から訥庵の名が洩れることを恐れたからである。

そのように訥庵としては、最後の最後まで名が出ることを恐れているのであるが、しかし、この頃になると身辺に迫る監視の眼を感取したからか、

此の度の一挙（斬奸）は、拙生、謀主にもこれ無く、只だ彼らが志を助けて力を尽し候ふ訳にて、全く天命の試処と存じ候。是程ニ苦心致し、助け遣し候ひて、仕損ひ候ふ様の事ナレバ、最早、天命も挽回致し難き筋故、連累ニ及び候ふ様ニ相成りても夫迄《それまで》の事かと存じ候。去りながら其の節、徒然として死ニ就き候ひては遺憾故、過日も御頼み申し置き候ふ通り、黄白の力を仮り候ふニ限り申し候。黄物さへこれ有り候へバ、生路疑ひ無き事故、其の段は猶ほ能く御含み置き下さるべく候。手続抔の事ハ荊婦へ噺し置き申すべく候。（十二月二十五日付、教中宛書翰）

と自分が捕縛されてから後の善後策までも示唆するようになっている。

以上のように眺めてくると、訥庵は、坂下門外の変の平山兵介等と密接なる交渉を持ち、主に資金面において彼らを援助したことが明らかになる。だから、黒川備中守から坂下事件の事を吟味されて、「正望の事は夢にも存じ申さず」と全く無関係であるかのように辯明したのは、辯明の性質上、致し方のないことではあったが、実状とは懸隔しているのであった。ただし、坂下事件の七士の内、実際に面識があったのは平山兵介と河野顕三だけで、あとの黒沢五郎・小田彦次郎・高畠総次郎・河辺左治右衛門（ともに水戸浪士）と川本杜太郎（越後の人）とは面会したことも無かった、という辯明は、これは真実のようである。

もう一つ、彼らが事変の際に懐中していた斬奸趣意書は、筆の立つ訥庵の手が入っていると大分疑われたのであったが、これまた訥庵が辯明するように彼が撰したものではなかった。その撰者は、寺田著書の二一一頁に「斬奸趣意書の

作者は諸説紛々として決する由もないが」といわれるように、まだ不明であるようだが、(21)水戸藩士であった内藤耻叟は、岡千仭著『尊攘紀事』巻三「安藤対州代ニ井伊氏ニ」のこの事件の条に、「内藤曰ク、此ノ筆（斬奸趣意書）、原仲寧の手ニ成ル」と暴露している。原市之進ならば、学識が深く、訥庵書簡や寺田著書所引『住谷日記』（一九六頁）等にも名が見えて、坂下事件の水戸における黒幕であった可能性が大いに存する。原伍雲軒は、現在に至るまで、訥庵の蔭に隠れて、斬奸趣意書の撰者としての名をなかなか現わさないのである。

七　大原重徳卿の出獄援助

訥庵の獄中の様子や、門人たちの雪冤運動などの概略は、寺田著書に譲って、県信緝が勅使従三位大原重徳《しげとみ》に拝謁するを許されて、訥庵赦免の歎願を行った経緯だけを、信緝の文久二年七月四日付、訥庵宛書翰を訳する形で、詳しく述べておこう。それには、小説のように具体的に、その時のありさまが述べられているからである。大原重徳は、幕府に一橋慶喜・松平慶永登用、五大老の設置等、三事の幕政改革を迫る勅使として、その年の六月から江戸に滞在していた。信緝は、薩摩の島津久光に随って江戸に上った堀小太郎（後の伊知地貞馨《さだか》）を介して、山科兵部（吉井友実。薩摩藩士。大原重徳の従士として江戸に来った）に書翰を渡し、兵部が重徳卿に周旋して、信緝を卿に拝謁させるのである。

夜五ッ頃（午後八時頃）になって、

「拝謁を申しつけるので、参るように」

とのことなので、山科に従って参上した。

卿は、ただ袴ばかりを着けておられて、

と、お命じになる。が、声が低いので、何の事か分らず、そのまま控えていた。

「これへ、これへ」

と、手を挙げてお招きになるので、お膝元まで進み出た。

「このたびは順蔵（訥庵）の一党、甚だ形勢宜しからず、さぞ心配な事であろう。委細に事情を申せ」

ということだったので、事情を詳しく申し述べた。卿は言う。

「一橋を奉じて挙兵するという事の実情は、どうだったのか」

「これは、やり方は不届きな物でございますが、実は幕府のためにする事でございます」

「それは、奸吏をその兵でもって誅する、という意図であったのか」

「その意図がどうでありましたかは、私は存じません。ただただ攘夷のためばかりに挙兵の事に及んだのでありましょう、と考えます」

と申し上げて、

「初めに日光宮の件、次に三樹遺屍収葬の件」

と、最初に供述書になる時に訥庵先生が御説明なさった、[22] 御書翰の逮捕事由の所だけを列挙して、

「このような事由でございます」

と申し上げた。

　さらにまた岡田真吾の供述書の事を申し上げたところ、いかにも御不快なように拝見した。

「何にしても、これらの志ある者たちを殺戮致しては、主上が兼ねてから御心配なされていらっしゃる者たちであるか

ら、そのまま殺させるという事は、できかねるぞ。さりながら、ここに一つ、こちらにとっては厄介な事がある。それは、このたびの勅[23]の件は、幕府にとっては不愉快な事どもばかりで、ようやく説得して内定には致したのであるが、幕府はまだ実行していないほどで、始めからこちらに対して不満であるように見受けられる。そこに順蔵の件をこうせよ、ああせよと文句をつけるならば、『勅使が罪科のお調べなどするのは、余計なお世話だ。また、そうした事件を知らない筈であるのに、口出しなさるのは、誰やらが内訴したのであろう』ということで、穿鑿がなされよう。その時に、『そちから聞いた』とも言えないし、そちも『内訴した』とは言えないことであろう。かように不満を抱いておる老中たちに、気に入らない事を突きつけるならば、ます〱老中の怒りをつのらせて、折角内定した大事が破約になってしまう、という害には測り難いものがある。右の大事の成否に関わるような事になっては、順蔵の一件は比較すれば小さな事であるから、大に小は代え難い。かような事情であるから、必ず引き受けて流・斬の二罪にはさせぬと、その方の願う通りには参らぬかも知れぬぞ」

「恐れ入り奉ります御事でございます。『国家の重大案件に関わります御事に引きかえまして、順蔵の件の方を御処置下されますように』とは、どうあっても申し上げかねますが、何とぞ妙策のほど願い奉ります」

「我は物事を即座に決するということは、生来、不得手であって、暫くの間考えていて、また夜中などに目を覚まし、腹部をさすりおろしなどして、篤と気を落ちつけて考えると、その時に思案が決まるじゃて」

「はは、何分にも今夜、御熟考のほど願い申しあげます」

「そうじゃな」

と、茶などをお飲みなされ、私にも茶を下されて、

「さて、老中の気にもさわらず、内訴を聞いたのだ、とも言われぬようにして、救う妙案は無いか」

「恐れながら、かようになされなば、宜しいでありましょう。それは、公と薩摩とは、この頃は特別な間柄であります。されば、拙者は薩摩の堀（小太郎）と懇意でありまして、『信緝から順蔵たちが寛大に扱われるようにと、師弟の情義に耐えられないのか、たびたびうるさい程に申して来て、困っております』と、堀が公に訴えたことにし、その時に公は、『この志ある輩《やから》は、朝廷にとっては忠義の士であって、天慮にも深く歎き思しめし、助命の事を御話があった。幕閣も、よくこの天意を遵奉して、裁許なされよ』と述べたまうか、または、『流・斬に処す、という事が聞こえてきたが、堀・山科の二人に命じて、幕閣に心得のために申し置きさせるぞ』というように、『どうしても幕政の失体になるぞ』と言わせなされる事も宜しいでしょうか。また、『脇坂（中務大輔安宅《おり》。大老。竜野藩主）は、（桜田門事件の）水戸浪士を処刑した時、あったら士を殺した事よ。我ならば、そうはせぬ、と言った、と堀から聞いた。されば、斬罪にするのは、幕閣の本意でもないだろう、されば、勅旨である、殺してはならぬ』と公が命ぜられれば、幕閣も、公の推量とは異って、意外にも喜んで、『俗吏に諭すのに良い手掛りとなる』と言わないでもありませぬ」

公は手を打って、

「脇坂がそのように言った、という事は、余も堀から聞いた事がある。なるほど、それが良いかの」

「いかにも、宜しく願い奉ります」

「なお篤と考えてみよう」

その後、和歌の話題などになったが、最後に、

「そちは南八郎（椋木潜《むくのきひそむ》。訥庵の『政権恢復秘策』を、文久元年九月、朝廷にひそかに献じた）を知っておるか」

と言われた。

「古くからの知己で、このたび亡命した折には、私の家から出かけました」

「奇妙な縁もあるものだ。その後は便りが無いか」

「一向に聞えませぬ」

「この間も、岩倉（具視《ともみ》）の所へ、『南が尋ねて参るかも知れぬ。参ったならば、薩摩藩邸の内にぶっこんで置け』と言ってやった」

などと、そのほかに様々の話があってから、御前を退出した。

　山科が、当初控えていた部屋に案内して、

「さて、公の御意見はどうであったか」

と尋ねるので、右のように答えた。

「公の優柔不断は、さてさて苦《にが》々しき事かな。この間も二度まで、この事は説得しておいたのに、まだそのような状態であるのは、困ったものだ。こうなったからには、今夜、ただちに決定させよう。それでも決定しなければ、明朝、堀を呼んで、同座させて決定しよう。それでも決定しなければ、公の一族にも意見のある人がいる。和泉の事ぞ。その外にも有りといえり。御案じなされるな」

と、威たけだかになり、慷慨の情が顔に表われ、頼もしく覚えた。

「何にせよ、早決を頼み入れます」

と言って退出し、家に帰った時には真夜中になっていた。

　大橋巻子の『夢路の日記』七月七日に、「いとやむ事なき御あたりのひかりにあたり侍りてと、あやしき風の便りにうけ玉はる」とあるのは、右のような大原卿への歎願が効を奏した事をいうのであろう。その外にも間瀬忠三・山田方谷らの尽力が与ったからなのか、七月七日に、戸田藩に対して訥庵の身柄が引き渡された。

　しかし訥庵は、八日より、心臓のあたりに疼痛があり、腹中には熱気強く、夜に入ってからはシャックリが続出、次第に衰弱し、文久二年七月十二日早朝、「ねむるが如く」(巻子、七月十五日、母宛書翰)に息を引き取った。享年四十七。『官武通紀』三、第七、探索書には、

右出牢は大原殿より脇坂侯へ御掛合にて、脇坂侯より御町奉行黒川備中守殿へ御達し罷り成り候ふ故、順蔵病気願も直様《すぐさま》御取請《とりうけ》に相成り、出牢罷り成り候ふ由。然るに七日出牢の節、町奉行所にて手当致し候ふ時、黒川備中守殿より暑気払いの薬遣はされ候ふ処、翌八日より煩悶、九日《ママ》に絶命に及び候。よって右暑気払甚だ怪しむべしと申す事に御座候。

という、当時の噂を伝えている。出牢の経緯が前引県信緝書簡の内容と一致しているから、この噂はかなり事実を歪曲せずに伝えている、と思うのであるが、さすれば、南町奉行によって毒殺された、という事も、全くの虚説とも思われない。
本論は、在来の、訥庵を偉人として伝える見方に対して、訥庵も弱みや矛盾を抱えた、一箇の普通人である、という観点から、訥庵逮捕の一件を論じてきた。そうした論を締め括るに適わしい訥庵評として、訥庵と同様に陽明学を修めた儒者であり、尊王攘夷に活躍して、安政の大獄に座した事もある春日潜庵の言葉を楠本碩水の『碩水先生余稿』二から引いておこう。

潜庵曰ク、訥庵、言有リテ行無シ。王(陽明)ヲ出デテ朱(熹)ニ入ル所以ナリ。王ヲ出デテ朱ニ入ルハ、訥庵ノ善ク変ズル処、然レドモ有言無行ノ譏《そしり》ハ、則チ免ルル能ハズ。(原漢文)

有言不実行にして、善く変ず、という評語は、

万延元年正月晦日、訥庵、川田氏ノ寡婦及ビ竹露女史ト、猿若町ニ遊ビテ戯劇ヲ観ル。二女ハ皆、一斎師ノ女ナリ。師没シテ未ダ五月ナラズ。亦タ書ヲ贈リテ之ヲ論ズ。訥庵、書ヲ復シテ之ヲ謝ス。亦タ家ニ蔵ス。(『碩水先生余稿』二。原漢文)

というエピソードにも適用できるかも知れない。謹厳実直に礼を遵守する道学者に言わせれば、訥庵の行為は、道を守らぬものに当る、と思えるからである。訥庵としては、父を亡くして元気が無い二人の女《むすめ》を慰める積りであったのかも知れないのだが。

注

（1）この出立ちは、訥庵の同門楠本碩水が、「訥庵ハ宇都宮藩ノ士籍ニ在リト雖モ、実ハ則チ処士ナリ。而シテ三斎羽織ヲ穿《き》、自在袴ヲ着ケ、陣太刀ヲ佩ビ、儼然タル一士人ナリ。」（『碩水先生余稿』二）と言うのと一致する。

（2）以上の記述は、森退蔵、文久二年四月、楠本準平宛書翰に基く。退蔵は訥庵門人で平戸藩士。後に藩主から針浦の姓を与えられ、昭和五年まで生存。この書翰は、宮田宗九郎が、逮捕の翌日、塾において語ったことを筆記したもの。（寺田剛著『大橋訥庵先生伝』昭和十一年十一月、至文堂発行、二一四頁所収）。

（3）大橋巻子『夢路の日記』（平泉澄・寺田剛共編『大橋訥庵先生全集』〈昭和十八年七月、至文堂発行〉下巻）。

（4）『夢路の日記』。

（5）森退蔵書翰。

（6）『夢路の日記』。

（7）『大橋訥庵先生伝』二一八頁。

（8）訥庵、三月十七日付、巻子夫人・下野真岡佐野屋福田常兵衛清文宛書翰に見える姓名。

（9）『大橋訥庵先生全集』上巻四三二頁。

（10）高橋多一郎・庄左衛門父子の伝は、流芳会編輯『水戸烈士伝』（大正元年、吉川弘文館発行）上編七に詳しい。

（11）「是ハ二宮ノ手紙ヲ宅カラ捜し出して、此度口書ニ書加ヘタルナリ」（注9「県信緝宛書簡」）。

（12）『全集』上巻所収。

（13）「是ハ皇妹ヲ枢機トシテ、戎狄通交ノ利アルコトヲ主上ノ叡衷ニ勧メ込ミテ、敕許ヲ要求スルノ策略ナルベク、ソレモ万一叶ハズシテ、天意ノ動カシ難キ時ハ、窃カニ譲位ヲ誘ヒ参ラセテ、皇妹ヲ以テ女帝トスルカ、又ハ幼皇子ヲ位ニ即ケテ幕府ノ威権ヲ逞フシ、擅ニ夷狄ト通ジテ国体ヲ変ゼントスル策ナルベケレバ、……是亦皇女ヲ申シ下シテ、人質ヲ取タル上ハ、夷狄ノ兵ヲ仮リ用ヒテ、天朝ヲ脅ヤカシ、貿易免許ノ詔勅ヲ強テ要求シオヽセテ、ソヲモテ公武御同意ト云フコトヲ、海内ニ示ス謀計ニテ、奸譎ノ罪ノ夥シキコト」（『政権恢復秘策』）。

（14）注9県信緝宛書翰。

（15）以下、『江木鰐水日記』安政六年十月の記事（原漢文）を訳する形で述べる。原文の一部を掲げると、次の通り。

七日、早起赴上邸、與石川子從一奴、入神田橋、渡龍《〔辰〕》口、隔水見評定所光影、門外奴僕雜遝、藩邸奴被鰕老衣者休憩、獄事未決也、往呉服橋外柳屋假樓、小休、馳奴到評定所門外入候伺、命以囚人出門、急歸以報、武田小藤太《(直道)》私含其事、蓋以爲三樹子止于追放、若輕乃爲押込、押込・追放皆於呉服橋外、故到於此而待也、四ッ過、奴馳歸、自橋上搖手、余等急下樓、奴曰、三樹先生出於常盤橋外、三轎如飛而行、乃爲遠島、急走赴之、既過、乃追到大傳馬町牢屋敷、衆人佇立偶語、三轎既入門久矣、伺之、寂然無影、與石子《(石川成章)》相謂曰、若其遠島亦可相見、暫歸柳茶店、待邸吏之報而已、住《(ママ)》牢屋前町人小戸之人曰、前時三轎飛來者入牢、如何處置、曰、寄揆《(与力)》以十手護肩輿之左右、飛奔而來者皆斬之也、(飛奔來者何也、今日之死囚皆武士、輿中自殺、或人掠奪不可知、故飛奔而來、々乃斬之)、三轎之囚既處斬也、聞之驚駭、不能爲情、猶以爲遠島、前日聞、遠島有三人、三人之數符於所聞、又還柳店喫飯、

（16）その原文は次の通り。

十五日《(マヽ)》、訪大橋恂三《(順藏)》于黑《〔墨〕》陀川東小梅村、小倉庵東、循水而上野水、小橋渡之得門、家道富祐《〔裕〕》、家室殊美、床幷列和砲、此人有闢邪抄《(闢邪小言)》說著、惡外夷如讎、是誠可嘉、然不取銃砲、則似矯枉過直、出酒懽對、此人經義家《(正順、號訥庵)》、今日過訪亦爲此也、而坐有人、不能縱談、有所問亦不能答、欲他日再訪、庶幾盡其縕《〔蘊〕》底也、

（17）『大橋訥庵先生全集』中巻、文集五十九頁所収。

（18）その原文は左の通り。

復二佐佐吉甫一書安政六年

昨接二手教一。縷縷忠告。足レ見二足下不一レ苟二一事一矣。近日僕之欲レ收二三樹遺屍一。非レ因二江木生囑一也。僕惻隱之情所レ致也。足下蓋誤聞。以爲二江木生囑一。故云云耳。來諭又謂。三樹學雜而識淺。有レ損二于此道一。而無レ益二于天下後世一。豈有レ關二于名敎一哉。而今有二此擧一者。或爲二江木生所一レ欺。其然、豈其然。夫三樹者一介書生。其學其識不レ足レ論者。僕雖二至愚一。亦明知レ之。豈謂二其所レ爲有一レ關二于名敎一哉。然而僕今圖二此擧一者。聊有レ說也。蓋三樹者雖二一介書生不一レ足レ論。非二賴山陽之子一乎。山陽者雖四雜霸之儒。無三交二涉於聖學一。非二平安一時之名家一乎。而使三三樹遺屍。委二狐狸食一レ之。蠅蚋嘬一レ之。僕非下獨爲二三樹一不上レ忍。竊爲二山陽一不レ

忍也。雖レ然三樹果爲二不軌亂民一乎。雖三其人識レ字講レ學如二大鹽平八一。僕固不レ欲レ収二其屍一也。果非二不軌之亂民一乎。雖二乞丐流氓之屍一。僕將二急急出レ力以瘞レ之。況於二一介書生一乎。況名家之子乎。此僕之所三以惻然動レ情也耳。況一日三人遭レ刑。而其二則爲二姻族所レ葬。獨三樹無二収レ之者一。爲三狐狸所二噬嚙一。是豈仁人君子之所レ忍レ聞乎哉。況乎前日遭レ刑者。其心術未レ可二的知一。而其閒憤二夷狄跋扈神州陸沈一。以犯二諱忌一者。亦必有レ之。僕聞。山陽爲レ人慷慨。毎三言及二延元南狩之事一。未三曾不二流涕一。然則三樹之觸二刑網一。亦安知レ非レ出下於憤二夷狄跋扈。神州陸沈一之過上哉。此又僕之所二以惻然動レ情也耳。但僕之於二山陽一。非レ有二師弟之契一。於二三樹一非レ有二朋友之誼一。故欲レ使三江木生任二其事一。而生柔惰逡巡不レ果。僕於レ此乎不レ得レ不二捐レ資以處レ之也。是故僕之圖二此擧一。非レ爲レ名也。非レ徼レ利也。不レ過レ達三不レ忍之情一。則未三始表二襮賤名一。竊使三醫生某者代當二其事一。必無下觸二嫌忌一罹二禍患一之理上。僕雖二學問迂疏一。聞二明哲保レ身之説一久矣。豈敢漫然買二禍患一。以爲二江木生所レ瞞哉。足下幸勿レ爲レ念。嗚呼人之所レ見。或有下不レ得三遽歸二之於一路一者上。足下視二僕之擧一。而僕不二肯飜然改レ轍者一。洵有レ所レ不レ得レ已耳。第足下之言。蓋出二於忠厚之意一。則不レ可レ不二鳴謝一。是僕之所下以傾二瀉鄙衷一分中疏縁由上也。足下幸諒照焉。小春《（十月）》大橋順拜。（下野烈士傳）

(19) この文久元年十月末日には、「昨日は尾高の兄新五郎と申者出府致来候故、段々談候処、長七郎よりは沈著致居候て、少々略も有レ之、頼母敷人物ニ御坐候。乍レ去、当時、一家之主人にて祖父母と老母など有レ之、長七郎とハ違候故、只今即刻駆付候人数ニハ加り兼候趣、申候。それも尤の事故、跡幕の処を申聞候て、今朝発足帰郷仕候」（訥庵、十一月一日付、菊地教中宛書翰）と、尾高藍香も訥庵塾に来っている。

(20) 磯野貞績。武蔵国北葛飾郡桜井村深輪関口氏の新宅に在り。河野顕三が嘉永七年（安政元年）、十七歳にして兄顕二と江戸に上った時に、彼に医を学んだ。（『芳賀勤皇志士伝』昭和十五年、芳賀郡教育会。「甲田顕三伝」）。

(21) たとえば、現在行われている日本歴史学会編『明治維新人名辞典』（昭和五十六年、吉川弘文館）でも、大橋訥庵を斬奸趣意書の起草者としている（二〇六頁）。

(22) 訥庵の文久二年六月二十五日付、県信緝宛書翰の、逮捕事由を列挙した部分について言う。

(23) 一橋慶喜・松平慶永の登用、五大老の設置等、三事の幕政改革を迫る勅をいう。

大庭松斎——始めて知る人世乗除有るを——（上）

徳田　武

一　三条河原の晒し首

文久三年（一八六三）二月二十三日の朝、京都は鴨川の三条河原に三箇の晒《さら》し首が懸けられていた。晒し首といっても、本当の人間のそれではない。木像の晒し首である。それらは、図のように、それぞれの首の下に木札が下げられてあり、木札は黒塗りで、金字でもって「等持院足利尊氏」「義竹院足利義詮《よしあきら》」「鹿苑院足利義満」と書かれている。そして、それは針金で下げられている。

この木像の首が、洛北の等持院——それは今でも立命館大学の裏手に在る、足利家累代の廟所である——に陳列されている、十三人の足利将軍の木像の内の物である事は、すぐに分った。木札も等持院の飾り牌《ふだ》である。

調査の結果、前日の二十二日夜、十数名の者が等持院に忍び入り、抜身でもって御霊屋《みたまや》の六人の番人を追い払い、一人の役僧に木像の所まで案内させ、木像の首を抜き取って持って行った事が分った。（以上、『東西紀聞』二「三条大橋西札之辻ニ懸《かかりこれ》有《ある》レ之建札《たてふだ》之写《のうつし》」に拠る）

鹿苑院足利義満
院足利義詮
等持院足利尊氏

二　斬奸状の歴史観

一方、三条大橋の西の、制札を懸ける札之辻《ふだのつじ》には建札が建てられていて、それには次のように書かれていた。

此の者（尊氏・義詮・義満）どもの悪逆は、已に先哲の辨駁《べんばく》する所、万人の能く知る所にして、今更申すに及ばずと雖《いへど》も、今度、此の影像どもを斬戮《ざんりく》せしむるに付いては、贅言《ぜいげん》ながら、聊《いささ》かその罪状を示すべし。抑《そもそ》も此の大皇国《おほみくに》の大道たるや、只ただ忠義の二字をもって其の大本とする、神代以来の御風習なるを、賊魁《ぞくくわい》鎌倉頼朝、世に出《いで》て朝廷を悩まし奉り、不臣の手始めを致し、ついで北条・足利に至りては、其の罪悪の実に容《ゆる》すべからざる、天地神人ともに誅する所なり。

然《しか》りと雖も、当時、天下は錯乱し、名分は紛擾《ふんぜう》する世なり。朝廷御微力にして、其の罪を糺《ただ》し給ふ事能《あた》はず、遺憾豈《あに》悲泣せざるべけんや。今、彼ら（尊氏・義詮・義満）が遺物等を見るに至りても、真に奮激に堪《た》へず。我々、不敏なりと雖も、五百歳昔の世に出でたらんには、生首《なまくび》引き抜かんものをと、拳を握り歯を切《くひしば》り、片時も止《や》む事能《あた》はず。今や万事復古、旧弊一新の時運、凶々たる不臣の奴《やつ》ばらの罪科を正すべきの機会なり。故に我々申し合はせ、其の巨賊の大罪を罰し、大義名分を明かにせんがため、昨夜、等持院に在る所の尊氏初め其の子孫の奴ばらの影像を取り出し、首を切りて是を梟首《けうしゆ》し、聊か旧来の蓄憤《ちくふん》を散ぜん者なり。

亥《ゐ》二月二十三日

大将軍織田公に至り、右の賊を断滅す。いささか愉快と言ふべし。然るに其れより爾来今の世に至り、此の奸賊に猶ほ超過し候者有り。其の党許多《あまた》にして、其の罪悪、足利等の右に出づ。もしそれらの輩《やから》、旧悪を悔い、忠節を抽《ぬき》んでて、鎌倉以来の悪弊を掃除し、朝廷を補佐したてまつりて、古昔に復し、積罪を償《つぐな》ふ所置《しょち》なくんば、満天下の有志、追いおい大挙して罪科を糺《ただ》すべき者なり。

右は三日の間、さらし置く物なり。もし取り捨て候者は、急度《きっと》罪科に行ふべきものなり。

右は、奸物を斬る趣旨を述べた斬奸状とも言うべきもので、小室《こむろ》重蔵の手に成ったという(『明治維新人名辞典』「小室信夫」)が、その趣旨は、源頼朝が鎌倉に武家政権を樹立して以来、朝廷の実権を奪い、北条氏・足利氏に至っては朝廷を蔑ろにする事甚しいものがあった、よって足利氏三代の首級をさらす事によって、積年の罪科を糾すのだ、というものである。

このように、政権を担当する者を朝廷と武門に分け、日本の歴史は朝廷の保有すべき政権を武門が奪取し、歴代に亘って将軍家がそれを握ってきた過程である、と見なす史観は、この頃に盛んに読まれた頼山陽の『日本外史』が説いたものである。右の斬奸状の始めに「先哲」(先賢)という言葉が見えるが、それが主として頼山陽を指していることは、疑いない所であろう。等持院の木像の首をさらした者たちに山陽や『日本外史』の影響があったことは、確かな事であろう。

その山陽には、天保二年(一八三一)九月、母を広島に省せんとする途次に作った七言古詩「等持院に室町氏歴世の肖像を観る引」(「観等持院室町氏歴世肖像引」『山陽遺稿』六)がある。もっとも山陽が等持院に参詣し、木像を拝観したのは、文政十年(一八二七)十月以前の事である。(1) 山陽は足利氏の事蹟には詳しかったから、その十五代の木像を観察することに拠って、自分の足利将軍観と符合するか否か試みよう、と思ったのである。彼は、足利尊氏・義詮・義

満については、

仁山想具英雄骨　仁山は　想ふに英雄の骨を具せんと
長面緩頤疑庸劣　長面　緩頤《くわんい》　庸劣を疑ふ
瞞人正憑癡与黠　人を瞞《あざむ》くは　正に憑《よ》る癡《ち》と黠《かつ》とに
狼生豚犬犬生虎　狼は豚犬を生み　犬は虎を生む
眼垂魚尾豊頬輔　眼は魚尾を垂れ　頬輔豊かに
足見盈満奄父祖　見るに足る　盈満　父祖を掩ふを

（尊氏は英雄の相があろうと想像していたが、馬面で口元がしまらなく、凡庸愚劣なように見える。だが、人を欺くのは確かにその愚なる容貌と悪知恵とによるのだ。豺狼のような尊氏が豚犬のような義詮を生み、その義詮が虎のように獰猛な義満を生んだ。義満の眦《まなじり》は魚の尾のように垂れ、頬が豊かで、尊氏以上に位、人臣を極めた事が見て取れる。）

と描写し、嫌悪の情を表わすのを憚らない。そして、足利氏の終りの五代、義澄・義晴・義輝・義栄《ひで》・義昭に至っては、一々論評することを止めて、

歴世積悪酬汝曹　歴世の積悪　汝が曹に酬《むく》ひ、
家宰陪奴皆作賊　家宰　陪奴　皆賊と作《な》る

と、足利氏代々の積悪が彼らに報いて、細川氏やその臣三好長慶、三好氏の臣松永久秀が足利氏に背いたと結ぶ。王権を奪取した足利氏に天罰が下った、と筆誅するのである。

『山陽遺稿』は天保十二年（一八四一）に刊行されて、やはり志士たちにはよく読まれた本であるから、もしかしたら三条河原に首をさらした浪士たちの脳裏には右の山陽詩の記憶があり、それが等持院に押しかけて木像の首を抜き取った遠因の一つになっているかも知れない、と見るのは、穿ち過ぎであろうか。

だが、右の斬奸状がはらむ問題は、もっと大きな、差し迫った所にも在った。それは追而書《おってがき》の、「其の党許多にして、其の罪悪、足利等の右に出づ」という部分に在る。これに就いては、この時期に京都守護職を務めた会津藩主松平容保《かたもり》の側近であった、会津藩士山川浩が著わした『京都守護職始末』九「浪士の悪戯」にも、

是れ即ち公然と幕府を指称し、尊氏の首級をもって、（徳川）将軍に擬せしなり。

と言うように、徳川幕府が朝廷を蔑ろにしていることは足利氏以上であるから、いずれ幕府を討つ、という事を遠まわしに述べたものだと、幕府の中枢に在る者が受け留めたほどの大胆な宣言であったのである。折しも三月上旬には徳川家茂《いえもち》が将軍としては二三〇年ぶりに上洛し、攘夷の期限を上奏する事になっていたので、この事件は、浪士たちが将軍を畏怖させ圧力をかける事に拠って、攘夷期限の上奏の早急な実現を迫るものだ、とも取られたのである（岡鹿門著『尊攘紀事』四「将軍入朝」(2)）。当然、幕府から命ぜられて京都を守護する役職に在った松平容保としては、右の犯行におよんだ危険分子たちを捕縛せざるを得ないのである。

三　浪士たちの逮捕

逮捕の諸隊は、二月二十六日の夜半、東山黒谷の守護職の宿館金戒光明寺《こんかいこうみょうじ》を出発し、諸所に向った。その構成は、京都町奉行の配下の与力・同心は勿論の事、彼らが浪士を恐れて失敗する事を慮って、浪士一人に対して上士二人、下士二人、足軽三人の割合で会津藩士を配置させた、と言う（『京都守護職始末』九）。

その内の一隊は、祇園新地に在る妓楼奈良屋に行き、三輪田綱一郎（伊予）・建部建一郎（常陸）・宮和田勇太郎（下総）・長沢真古登（陸奥）、および身内とも言うべき会津藩の下士である大庭《おおば》機（通称は恭平）を捕えた。

もう一隊は、満足稲荷神社の前に行って、野呂久左衛門（備前）と岡元太郎《もとたろう》（備前）を捜したが見当らず、その隊を移して、二条衣棚《ころもだな》東側の平田作次郎の店に到った。作次郎は、松平越後守（伊予松山藩主）の御用達《ごようたし》商人で、その家は三輪田綱一郎の寓居になっている。そこでは激しい乱闘があった事は、

（捕手が）押しかけ候節、欠ヶ矢（掛矢。大槌のこと）・大階子《はしご》など持参、屋根をめくり這入《はいり》申し候由《よし》。右の内、弐《ふた》人《り》は首に致し（首を刎ね）、会津家来、翌朝（二十七日朝）、寺町通り丸太町へ懸《かか》り、珠数繋《じゅずつな》ぎにいたし、壱人《ひとり》はもっこふ（畚）に乗せ、右の首と一所に引き取る。尤も十七、八人程にて警固、それぞれ鎗を持たせおり申し候。（『東西紀聞』二）

衣棚二条上ル町、越前介実方隠居所を借りうけ罷《まか》り在り候浪士を、百人程の人数にて押しかけ、屋根などへあがり、戸を破り、内へ入り、浪士七人の内、壱人ハ二階にて切腹いたし、壱人ハ深手うけ、弐人《ふたり》召捕《めしとり》、二人、祇園新地へ

行候よしにて、同所にて壱人召捕へ候よし。……深手の者は、会津（藩邸）へ捕へ行く途中にて相果《は》て候よし。

（『東西紀聞』二）

という記載から窺うことができる。

右の記事の内、二階で切腹した者は、仙石佐多男《さたお》（因幡）、深手を受けて、畚《もっこ》で会津藩邸へ連行される途中で亡くなった者は、高松平十郎信行（信濃）である。二人の伝はともに『殉難録稿』八などに見えている。捕えられた二人とは、師岡《もろおか》節斎（江戸）・青柳健之助（下総）である。なおも捕手たちは、中島永吉（錫胤《ますたね》。中島棕隠《そういん》の養子）を捜したが、姿が見えない（『京都守護職始末』九）。

三条通西洞院に向った一隊は、富商絹屋の二男長尾郁三郎（武雄。『殉難録稿』八）を捕えた。

この他に、野呂久左衛門と西川善六郎（吉輔。近江の商人）は、近江で逮捕された。

別に一隊は、烏丸通り三条下ル所に縮緬の店舗を出している小室《こむろ》利喜蔵（信夫《のぶお》。丹波国与謝郡岩滝村の豪農）の逮捕に向ったが、誤って隣家の松屋卯兵衛の家に乱入する、という失態を犯している。すなわち、『東西紀聞』二に拠れば、

二月二十七日朝七時《ななつどき》ごろ（午前四時）、十三、四人ほど鎗持参《ちさん》走り、松屋卯兵衛辺にて、皆々抜身にいたし、同家の表雨戸を懸矢《かけや》（掛矢）にて打砕き、散々に乱入し、梯子《はしご》にて屋根へ上り、瓦をめくり、外庭へ雨の降るごとく投げ入れ申し候処、右卯兵衛罷《まか》り出で、「もし、人違ひにてはこれ無きや」と申し聞け候へば、何とか申し、出で行き、苧《お》屋へ行き申し候。

と、松屋卯兵衛家の雨戸や屋根を破壊したのだが、卯兵衛から「人違いではありませんか」と指摘されて、「しまった。済まぬ事を致した」とも表向きには言えず、何やらブツ〳〵と曖昧につぶやきながら次の逮捕先へと移動してゆく、といった体たらくである。家を滅茶めちゃにされた松屋卯兵衛こそ、いい面の皮である。この松屋卯兵衛は「小室屋の隣」(『東西紀聞』二)というから、次には小室利喜蔵の逮捕に向ったはずであるが、この騒ぎでは利喜蔵がまご〳〵している筈も無く、既に逃走していた。

四　密告者の存在

晒し首は二月二十三日の朝に発見されたのに、捕手の諸隊は僅か三、四日後の二十六日夜半に出発している。犯人の発覚が異常に早い。どうして、こんなに早いのか。それは、密告する者がいたからである。その密告者とは、前節で「身内とも言うべき会津藩の下士」と形容した大庭機である。思えば、会津藩主が逮捕を命じているのに、逮捕された者の内に会津藩士がいる、という事が、おかしな事だった。

その初め、文久二年閏《うるう》八月一日、松平容保が京都守護職に任じられると、容保は、家老田中玄清・公用人野村直臣のほかに、公用局の下司《げし》である大庭機（三十三歳）たちを先んじて京都につかわし、在任の準備をさせ、且つ目下の京都の情勢を視察させた。

当時、京都では諸藩の士や、各地から来た浪人たちが盛んに尊皇攘夷論を闘わせており、もし開港佐幕論を唱えでもすれば、この上もない罪人であるかのように見られるのだった。彼らは会津藩士の入京を聞いて、日夕来訪して、開港か佐幕かと意見を尋ねて来る。

会津藩士たちは職責を重んじて、相手にしなかったが、独り大庭機だけは、年若く意気も盛んで、広く彼らと交り、一家言を持っているので、彼らを相手に大いに議論し、相手を圧倒するのであった。彼らも、そのために機を推崇すること甚だしく、自ずと彼らの状況もわかり、また京都の形勢もつまびらかにすることができて、容保の知遇のかたじけなさに感激して「死を矢《ちか》って」いた機は、しばしばこれを江戸に急報した。(以上、『京都守護職始末』五「守護職の奉命」、九「浪士の悪戯」に基く)

右のような、京都における大庭機の、諸藩の士たちとの交際ぶりが如実に知られる資料が、土佐藩士平井収二郎義比の京都滞在中の日記『隈山春秋』(『史籍雑纂』第五)である。それは、文久二年六月から翌三年三月までの、彼が武市半平太らとともに他藩応接役となって時事をさぐっていた際の記録である。その文久二年十月三日の条には、

会津侯も亦た幕命を以て京に上り、闕下を警衛す。(原漢文)

と、松平容保が入京して来た事を伝える。

ついで、十月十八日の条を見ると、

会津藩の大庭恭平、長藩の福原乙之進、京儒藤本律之助来るも、遇はず。

と、大庭機が福原乙之進や、藤本鉄石とともに、慈雲院に滞在している収二郎に会いにやって来た記録が見られる。福原乙之進は、この後まもなく、即ち文久二年十二月二日、高杉晋作・久坂玄瑞・伊藤俊輔(博文)たちとともに御殿山の英国公使館を焼打ちする人物である。藤本律之助は、号は鉄石、翌三年八月の天誅組の乱の総裁となる人物として有

名である。だが、この時には収二郎は、妙法院に行っていて留守であり、会えなかった。しかし、収二郎が、それから藤本鉄石の家に廻ると、大庭機が既に来ていて、

卒に鉄石亭に至り、大庭恭平に逢ふ。杯を飛ばして当世を論じ、快論極まりて去る。同藩の千屋（菊次郎）・小畑（孫次郎）の二生、始終傍らに在り。

と、両人は初めて出会い、その上に国事を論じて意気投合した、と見えたのであった。

三日を置いて、十月二十一日、その日は雨であったが、

会津の大庭恭平、長門の福原乙之進・熊谷岩尾・河上弥市、中山家の臣大口出雲守来訪す。

と、機はまたもや平井を訪れている。河上弥市は、高杉晋作と親しい者だが、翌三年十月に但馬の生野で兵を挙げ、天誅組の挙兵と呼応しようとした人物である。中山忠能《ただやす》の七男が忠光であり、天誅組の盟主となった人物であることは、あまりにも有名である。

その次は、十月二十九日に、

大庭恭平、平向熊吉、中島永吉、長人熊谷岩尾・福原乙之進・堀新五郎・村田次郎三郎来たる。

と、機の来訪の記事がある。この内、中島永吉は、前述したように等持院の事件に関係した者であって、当然、機は彼

の動静にはこの時から注意していた筈である。堀新五郎は、御殿山の英国公使館焼打ちに参加することになる者、村田次郎三郎は、有名な清風の二男で、後の大津唯雪である。

十一月に入って十三日、十四日と大庭恭平の来訪の記事がある。十三日は同藩の柿沢勇記・平向熊吉が同行し、十四日には柿沢勇記と同行した、と読むことができる。この内、十三日の夜には、平井は、

夜、平向熊吉、水邸の留守井坂昇太郎と昨十二日の鵜飼吉左衛門の二子の出獄の事、会津をして周旋為さしむ。而して京兆尹之を諾す焉。之に依り昇太郎を促して嘆願書を出さしむ。

と、入牢したために麻疹を病んでいる鵜飼吉左衛門の二子を会津藩の周旋で出牢させるべく（十一月十一日参照）、平向や水戸藩留守居役の井坂と打ち合わせを行っている。こうした動向は、当然に平向から恭平に伝わっていよう。

十一月十七日には、注目すべき記事が見いだされる。即ち、

江戸の人諸岡節斎・宮和田雄太郎…来訪す。

と、等持院木像晒し首事件の一味が収二郎のもとに出入りしているのである。この事は、この一味の消息が恭平のもとに伝わる可能性が十分にある事を示唆するものであろう。

以下、大庭恭平来訪の記事は、十一月は十九日と二十二日に見える。ただし、二十二日には収二郎が不在であった。飛んで文久三年の正月五日に、久しぶりに恭平が会津の人能見武之助とともに訪れている。そして、この記事を最後として、恭平の名は見えなくなる。

以上、『隈山日記』に登場する沢山の人物の中で、大庭機と彼に関係する者とのほんの一部をしか挙げていないのであるが、それだけを見ても、平井収二郎のもとには尊皇攘夷派、それも過激で急進的な尊皇攘夷派の人物が出入りしていた事が知られるのである。そもそも、収二郎自身が幕府に顧慮している老公山内容堂の意向に反して尊皇攘夷の運動を推し進め、容堂に譴責され、ついには切腹を命ぜられるほどであるから、そのような人物が沢山に出入りするのも無理ないのである。恭平は、このような収二郎の周辺の意見に同調しているかのように見せかけ、その実、これらの過激急進派の動向を探り、それが主君松平容保の耳に届くように働きかけていたのであろう。

これらの浪士たちのなかに、前に挙げた師岡節斎（三十四歳）、三輪田綱一郎（三十五歳）、宮和田勇太郎（二十四歳）、高松趙之助（二十八歳）、仙石佐多男（二十二歳）、石川一（鳥取。二十一歳）、長沢真古登、青柳健之助（二十四歳）などがいた。いずれも国学者平田篤胤《あつたね》または、その養子銕胤《かねたね》の門人と称して、荒唐無稽の陋説を主張し、みずから勤王家をもって任じていた。

建部建一郎、角田《つのだ》由三郎（忠行。信濃の人。三十歳。銕胤門人）、野呂久左衛門（三十五歳。銕胤門人）、岡元太郎（二十八歳）、長尾郁三郎（二十七歳。銕胤門人）、小室利喜蔵（二十五歳）、西川善六郎（四十八歳。篤胤没後の門人）、中島永吉（三十五歳）などが、彼らと相和して、その論ずる所は、「過激、疎暴、至らざるなし」といった状態であった。

機は、この者たちと交って、その歓心を得、すこぶる崇信されるようになったので、木像梟首の企てがあった時も、ためらう様子を見せず、みずから衆に先立って、この暴挙をなし、それからひそかに黒谷の宿館に帰って、この一件を詳しく会津藩の公用局に報じた。

以上のように、浪士たちの仲間に京都守護職の部下が入り込んでいたのであるから、守護職の手がすぐさま及ぶのも、無理はなかったのである。

思うに機（以下、恭平と呼ぶ）は、京都につかわされた頃から、浪士たちの動静や京都の状勢を探る役割を、藩の上層部からそれとなく命ぜられていたのであろう。そして、自分の報告が上層部に喜ばれるのにやり甲斐を感じているうちに、段々に京都守護職の探索係というような誇りを、自分の内に醸成していったのではなかろうか。たとい、松平容保の正式な命令は無かったにしても。現に、肥後藩の人々が伝えた記録を集めた『採雑録』十二・一〇「足利三代木像梟首之事」に見える、逮捕された浪士の名簿には、「会津藩廻し者之由　大庭恭平」とあって、藩の密偵と、その当時から見られていたのである。だから、師岡節斎や三輪田綱一郎などの浪士側から見れば、とんでもない裏切り者、という事になるのだが、恭平に言わせれば、身分の低い自分を引き立てて下さった藩主様のお為になるように動くのが忠義なのだ、自分は武士が最も重んずべき忠義に従って行動したまでだ、ということになるのである。

なお、後年に恭平の部下になり、恭平の口からこの時の体験談を聞いたであろう広沢安宅が著わした『幕末会津志士伝』（大正十二年九月、広沢安宅発行）「大庭恭平」では、逮捕されるに先立ち、恭平は、ひそかに黒谷に来り、ひそかに浪士逃亡の事を告げ、「自分は某日、祇園新地の某楼に長沢真古登ら三、四名と会合するが、その時、自分は白地の手拭を頰かぶりするので、それと知ってほしい」と述べた。そして、捕手が来る時刻を見はからって、剣舞をする事によって酌婦を遠ざけ、浪士たちを油断させ、捕手を容易に闖入させた、と言う。

五　逮捕までの経緯

恭平の報告を聞いた容保は、それまでは浪士に対して寛容であったのだが、それ以後はやり方を改める事にした。容保の考えは、次の通りである。

抑《そもそ》も高氏等《ママ》、世の議論ありと雖も、苟《いやしく》も朝廷、官位を賜り、天下の政権を執りて、其の功亦た少しとせず。斯《かか》る尊貴を辱《はづか》しむるは、即ち朝廷を侮辱する者。殊に其の暴行たる、屍を鞭《むちう》つに同じ。速《すみやか》に之を逮捕して厳刑に処せざれば、国家の典刑、立ち難し。

これは、足利尊氏を徳川家茂と言い換えても、そのまま通ずるような考え方であって、現行の徳川政権への反逆者は厳刑に処すべきだ、という容保の怒りがひしく〳〵と伝わるような文章である。

それはともかく、容保は、二十五日の夜、町奉行永井尚志《なおむね》（主水正《もんどのしょう》、後に玄蕃頭《げんばのかみ》）に命じて、浪士たちを捕縛せしめようとした。

すると、部下の与力平塚飄斎《ひょうさい》（七〇歳）が町奉行に、

「木偶梟首の一党は、現に京都にいる者だけでも四、五百人はある、と聞き及んでおります。今これを捕えようとすれば、必らずや余党が一時に蜂起して、たとい守護職の力でも、あるいは制し難いでしょう」

と申し出た。

それを聞いて、奉行やその部下たちも躊躇し、しばらく逮捕の断行を延ばして様子を見ることを容保に請うた。

飄斎はまた、その事を伊勢松坂の酒造家で、紀州藩御用達を務めた富家世古《せこ》格太郎に知らせた。尊攘家である格太郎はまた、それを関係の深かった三条実美《さねとみ》卿に告げた。そこで卿は、格太郎をつかわして、容保に逮捕の中止を求めた。

しかし容保は、浮浪の徒がたとい何百人いようとも、元来烏合の鼠輩、何ほどの事でもないし、たとい彼らが強力であっても、国家の典刑は正さねばならない、と思っていた。

また、会津藩臣の内で機密に参与している者は、飄斎が密事を世古に漏らした事を怒り、赦すべからざる事だ、とし

た。その事が飄斎に聞えたので、飄斎は自殺をはかった。

飄斎が中島棕隠や頼山陽と親しく交わり、熱心に山陵の修復を唱える勤皇家で、曲亭馬琴の『南総里見八犬伝』の愛読者でもあったことは、森銑三氏の『平塚飄斎の研究』（『森銑三著作集』第二巻）に詳しいが、『京都守護職始末』九に述べられる右の一事は、森氏の研究にも見えない。

『守護職始末』は続けて、飄斎の運動は、もともと中島永吉らの流言の策で、飄斎を動かして、これを奉行に通報させて、浪人狩りを止めさせようとしたものであった。飄斎はそれとは悟らず、騒擾の患《うれ》いを招くのを恐れて進言したのだった、と述べている。

しかし、熱心な勤皇家であり、中島家と親しかった飄斎は、永吉や勤皇浪士たちをかばう為に、自らの意思でそのように行動したのではなかったか、とも考えられる。

とにかく容保は、恭平の言から、暴徒の所在を突きとめ、逮捕を町奉行に命じたのであった。

六　浪士の処分

前述したように、十数名を逮捕した容保は、翌二月二十七日、その顚末を伝奏衆（武家伝奏。幕府との交渉に当る朝廷の役人）に上奏した。その大意は、第五節に述べた容保の考えに続けて、

彼れ（浪士たち）口を足利氏に藉《か》り、擬して以て幕府を侮辱す。若し彼等、尊王の衷情より出でたりとならば、先に言路洞開、草奔微賎の者と雖も、進言するを許せるに、彼等何者ぞ、其の令を奉ぜず、斯《か》く兇暴をなす。是れ実

に、上、朝憲を侮蔑し、下、臣子の本分を失ふ、故に不日、之を厳刑に処すべし

というものであった。

実美卿一派の堂上の人々は深くこれを憂い、何とかして、その罪をゆるめさせようと努力した。政治総裁職松平慶永《よしなが》（春嶽。越前旧主）、後見職一橋刑部卿慶喜《よしのぶ》も、大庭恭平の心事を憐れみ、これを救済しようと、特に町奉行を呼んで、天保年間、大塩平八郎の隠謀を密告した平山助次郎（同心）の例にならい、恭平をゆるすべきだと論じさせたが、容保は断乎としてこれに従わない。そこで、衆議で、これら浮浪の徒を諸侯のもとに禁錮することに決した。容保が恭平の特赦の議に従わないのを見て、両職がことさらに、ことごとくの者を寛典に処すようにはからった、という。

すなわち、大庭恭平と師岡節斎とを信州上田藩主松平与十郎忠礼《ただなり》の家臣に預けるのを始めとして、大方の浪士たちが諸藩の家臣に預けられる事になったのである。

七　大庭恭平の詩

浪士たちは、捕えられてから諸藩お預けになるまでの間は、町奉行所の牢に入れられていたのであるが、その牢に入るに際して恭平が詠じた詩が、志士たちの詩を集めた『振気篇《しんきへん》』（明治二年刊）詩文・下や『松斎遺稿』に収められている。それは、「獄に下る途中の作」と題する五絶であって、次のような作である。なお、この詩は檻輿の側らに付き添っていた会津藩公用人野村左兵衛に渡されたものである、と『幕末会津志士伝』「大庭恭平」では言う。

君恩深似海　君恩　深きこと海に似たり
臣命一毫軽　臣命　一毫《いちごう》軽し
無復関心事　復た心に関《かかは》る事無し
檻車載夢行　檻車　夢を載せて行く

主君の御知遇は、海のように深い。
それに比べれば拙者の命などは、一本の毛のように軽いものだ。
もはや思い残す事はない。
うつら〳〵と唐丸籠《とうまるかご》に乗せられて行く。

檻車とは、罪人を運ぶ、おりのついた車をいうが、それは唐土の器物であって、日本では、罪人は、上に網をかぶせた円筒形の竹籠（唐丸籠）に入れられる。右のように訳した所以である。

右の詩には、身分の低い自分を引き立てて下さった容保様には命を捧げてもかまわない、浪士たちの居所を密告したのも、忠義ゆえだから、後ろめたい事はない、という恭平の自足した心情が表わされている。さればこそ彼は、牢に向う途中であるのに寝ていられるのであろう。もっとも狭い籠の内で揺られて行くのだから、熟睡する訳にはゆくまいが。

牢に入れられた恭平は、最初、先んじて入れられていた囚人たちに対して、「拙者は初めてこういう所に来たので、牢の掟を全く存じませぬ。あなた方、今後は宜しく教えて下さい」と言ったので、一同はその磊落さに感嘆した、と後年に恭平と親しく交った井口一眠は伝えている（『函館游寓名士伝』〈明治二十五年二月刊〉下・大庭松斎(3)）。恭平は牢内では詩歌を作って鬱を晴らしていたようだが、「獄中雑詩」(『振気篇』)という七絶の連作を物している。それらは、彼の詩集『松斎遺稿』(昭和二年、白土清輔刊)にも大方は収められていないので、すべて挙げてみよう。

鼎鑊如飴豈敢辞　鼎鑊《ていかく》　飴《あめ》の如し　豈敢て辞せんや
狂夫心事鬼神知　狂夫の心事は　鬼神知る
朝々只読文山集　朝々　只だ読む　文山集
要賦従容就死詞　賦さんと要す　従容《しょうよう》として死に就く詞

煮殺されるかなえも甘い飴のような物、尻込みすることはない。この変り者の心情は、普通の人間には分るまい。毎日、ひたすら文天祥の詩文を読んでいる。彼のようにゆったりと死を迎える詩を詠じたいものだ。

鼎鑊は、罪人を煮殺す大きなかなえと鍋で、これも唐土の古代の器物。刑が決まっていない時点では、恭平は死刑にされると思い込んでいたようで、それを恐れずに受け入れようという心胆を練っている。文山は南宋末の忠臣文天祥の号だが、元の投降の勧めを拒否して処刑された彼の『文文山集』は、幕末には甚だ流行したもので、藤田東湖なども、文山が暗くて狭い土室に閉じ込められて作った「正気歌《せいきか》」に倣って、同題の「正気歌」を作った。恭平の起句の「鼎鑊如飴」も、文山の「正気歌」の「鼎鑊も甘きこと飴の如し、之を求むるも得べからず」(死は恐れないのだが、死なしてくれぬ）を踏まえたのである。そのように恭平は、文天祥の、元人《げんひと》をも震えあがらせたという「天地の正気」（万物の根元となる正しく大きい気）を自分も体得しようと努め、そうした心境を表現し得た詩ができ上ることを望んでいたのである。

要するに恭平は、獄中に在っては、死をも恐れぬという心境を涵養することに務めていたらしいのであるが、その事は次の詩からも窺うことができる。

三十三年如一夢　三十三年　一夢の如し
平生大志遂難伸　平生の大志　遂に伸べ難し
寄言天下英雄士　言を寄す　天下　英雄の士
総作従容就死人　総《す》べて従容として死に就くの人と作《な》れ

三十三年の人生は夢のようにはかない。
日頃の大望は、とう〳〵実現できぬ。
天下の英雄の士に言っておきたい。
すべて悠然と死んでゆける人になってくれ、と。

起句は、韻は踏み落しているが、これに拠って、恭平が当年三十三歳であったことが判明するのである。平生の大志とは、主君のために奔命し、それによって会津藩中で上層に昇ることであった、と思う。そして、この詩においてもまた「従容就死」の句を用いているから、牢獄における詩としては、これが彼の鍵語（キー・ワード）になっていた、と思うのである。

身落獄中再難逢　身は獄中に落ちて　再び逢ひ難く
三間板屋昼蒙朧　三間の板屋　昼蒙朧《もうろう》たり
想君酔後談時務　想ふ君が　酔後　時務を談じ
臥見東山似臥容　臥して東山臥容に似たるを見ることを

この身は獄中に囚えられて　もう二度と君と会えまい。
狭い牢屋は、昼でもぼんやりとうす暗い。
思うに君は今頃、酔って時事を論じあい、
蒲団着て寝たる姿の東山を悠然と眺めている事だろう。

この詩は親しい友人、即ち転句の「君」に思いを寄せた作であろうが、起句に突如「再難逢」と言い起すので、誰に会い難いのかが俄かにはわからない、という恨みがある。

家山遠隔路三千　家山　遠く隔つ　路三千
身作縲囚徒自憐　身は縲囚《るいしゅう》と作《な》りて　徒《いたづら》に憐む

今日見衣如見母　今日　衣を見る　母を見るが如し
朝々著得拝東天　朝々　著け得て　東天を拝せん

故郷は遠く三千里のかなたに隔っており、
この身は囚われとなって、為すすべもなく悲しんでおる。
今日、届けられた衣を見ていると、母を見ているようだ。
毎日着て、東の故郷の空をおがむとしよう。

この詩の承句は、『振気篇』では「身作縲紲徒自憐」に作られていたが、それでは第二・四・六字が皆仄字となって、二四不同・二六対の規則に合わない。『松斎遺稿』「獄中の作」の方の本文に従った。逆に『遺稿』では、転句を「今見衣猶如見母」に作るのであるが、今度は『振気篇』の本文の方が良いように思うので、そちらに従っておいた。国元から母が衣服を送って来た時の作と考えられるが、これについては『幕末会津志士伝』「大庭恭平」では、「故郷にては恭平の上田に幽閉せられて後、更に其消息を知る能はず、老母嘗て衣服を新調し、恭平の弟某をして之を齎し行きて、其安否を問はしむ。然るに獄法は囚人に面会するを許さず。僅かに監守者に依て衣服を贈り、且つ音信を通じ得たるのみ。而して弟は長路空しく帰郷する…」と言うのだが、入獄と幽閉とでは待遇も法も大きく異なるので、この話は京都在獄中の時のもの、と考えるが、如何であろうか。

誰言忠孝難兼得　誰か言ふ　忠孝　兼ね得難しと

一死酬恩即両全　一死　恩に酬いれば　即ち両全
万事平生落人後　万事　平生　人後に落つ
今年初著祖鞭先　今年　初めて著《つ》く　祖鞭の先

忠と孝とは両立しがたいと誰が言ったのか。
死んで君恩に報いれば、孝も尽くしたことになる。
日頃は万事、人の後塵を拝しておるが、
今年こそ初めて先鞭をつけることができた。

国（会津藩）のために死ねば、母親は悲しむだろうが、それをあえて、母も息子の忠義を誇りに思うから孝になるはずだと、自分を納得させようとしている所に打たれるものがある。そして、転句の「万事平生人後に落つ」に見られるように、自分にコンプレックスを抱いている点が却って行動の原動力となっている所に恭平の特性があるのであろう。大庭正吾の次男として生まれた恭平は、少壮、江戸に出て後藤某について草書を学び、和歌をよくした（『幕末会津志士伝』）、というだけで、その漢学は誰に学んだものか判然としないのだが、そのような点が同藩の南摩綱紀《つなのり》や秋月悌次郎（韋軒）のように藩校日新館に学び、ついで江戸昌平黌に学ぶというエリートとは異なる所である。たぶん恭平は、身分も上であった彼らに対してはコンプレックスがあったろうが、それだけに彼らエリートよりも早く主恩に報いたい、という願望があったのであろう。なお、「祖鞭先」とは、友人の祖逖《てき》が自分よりも先に功名を立てる事を晋の劉琨が恐れていた故事（『晋書』六二・劉琨伝）に基く句である。

八　上田幽囚の作品

第六節に述べたように、恭平は信州上田の家中に幽閉されるのであるが、その間も詩歌を作ることで鬱勃たる気を晴らしていたらしい。後述するように自身も、また井口一眠も「幽囚七年」と言っているが、それは戊辰戦争の後、越後高田に謹慎を命ぜられた事をも含めて言っているので、上田での幽閉は明治元年、新政府の大赦によって解かれたから、足かけ六年間幽閉されていた、とするべきであろう。太田真琴編輯の『近世詩史』（明治九年四月、牧野善兵衛刊）下にも、「信濃上田に囚はるること六年」と言う。前述したように、師岡節斎も同じく上田に幽閉されていたので、両者は面会はかなわなかったが、「壁を隔てて自由に談話する」事ができ、日々、経史を談論し、詩歌を唱酬し、あるいは「壁板を叩て笑罵し、以てその日を消した」（『幕末会津志士伝』）、と言う。

幽閉時代の詩は、『函館游寓名士伝』に雑言古詩が引かれている。この詩は、『松斎遺稿』にも、より完全な形で「上田幽囚中、歳暮の作」と題して収められている。

男子不如楠中将　男子　楠中将の如く
死為忠臣流芬芳　死するも忠臣と為りて芬芳を流さずんば
則当如豊臣太閤　則ち当に豊臣太閤の如く
征伐海外耀国光　海外を征伐して　国光を耀かすべし
宿志落々両難就　宿志　落々として　両《ふたつなが》ら就《な》り難く

空作楚囚徒悲傷　空しく楚囚と作《な》りて　徒《いたづ》らに悲傷す
三間板屋厳鎖鑰　三間の板屋　鎖鑰《やく》厳に
終歳不得見彼蒼　終歳　彼の蒼を見るを得ず
頼有酒詩紓懐抱　頼《さいは》ひに酒詩有りて　懐抱を紓《の》べ
時々酔唫独発狂　時々　酔唫《ぎん》して　独り狂を発す
今夕何夕歳云暮　今夕は何の夕ぞ　歳云《ここ》に暮れ
為洗愁腸又挙觴　愁腸を洗ふが為に　又た觴《さかづき》を挙ぐ
万感集来難成酔　万感　集り来りて　酔を成し難く
唾壷撃砕空慨慷　唾壷を撃砕して　空しく慨慷す
城狐社鼠張威福　城狐　社鼠　威福を張り
封豕長蛇猶跳梁　封豕　長蛇　猶ほ跳梁す
嗚呼何日得再見天地日月　嗚呼《ああ》　何れの日か再び天地日月を見ることを得て
掃除妖気清辺疆　妖気を掃除して　辺疆を清めん

男子たる者、楠正成のようになり、
死後も忠臣として芳しい名を残すのでなければ、
豊臣大閤のように、
海外を征伐して、国の威光をかがやかしたいものだ。

かような年来の志願は思うようには行かなく、ふたつとも成就せず、
むなしく異国で捕われ人となり、ただ家国を思って悲しんでいるばかりだ。
狭い板屋《いたや》には鍵が厳重にかかり、
一年中、青空を見ることもならぬ。
飲酒と作詩が許されているお蔭で、思いを伸びやかにすることができ、
時おり酔い、作詩しては独りで激した思いを発散する。
今夕はどういう夕かといえば、歳が暮れる夕で
そこで愁いを晴らしては、また杯をかさねる。
様々な思いが浮かんできて、なか〳〵酔えない時には、
王敦が鉄如意で痰壺を撃ちながら詠歌したように、むなしく憤りの情をやる。
城下の狐や社の鼠のように、権力に守られて悪事を行う者が、威勢と恩恵によって人を従え、
大きな猪と長蛇のような貪欲残忍の輩が、いまなおのさばっておる。
ああ、いつの日か再び釈放され、天地日月を自由に見られるようになったなら、
いまわしい戦乱の気をはらい除いて、国境を平和にしたいものだ。

一韻到底の長編であるが、『函館游寓名士伝』では、第三句は「臣」字が欠けており、第十句の後には「今夕何夕歳云暮」の句が欠けているので、『松斎遺稿』に拠って補った。この詩には酒の縁語が幾つか用いられているが、幽閉であるから、牢獄とは異って、時おり飲酒する事が許されていたものと見える。恭平が酒好きな事は、後述する如くであ

る。第六句の「楚囚」は、『左伝』成公九年、楚の鍾儀《しょうぎ》が晋にとらわれてもなお母国の冠をつけて母国を忘れなかった故事を踏まえ、上田に在っても会津を忘れない気概を示した。文天祥の「正気歌」にも「楚囚其の冠を纓《えい》す」とあって、恭平はここでも文天祥の気節に倣う事を表明しているのである。また、城狐社鼠や封豕長蛇は、幕府側に在った恭平からすると、官軍や薩長の勤皇家たちを言うのであろう。幽閉中にも彼の耳には薩長と幕府が戦っているという情報は入っていたもの、と思う。とすると、結末の四句は、彼が赦免後に戊辰戦争において官軍と戦うことになる讖を成すものである。『松斎遺稿』では、この詩の後に広沢安任の「意気淋漓、豪骨屈せず」という評が付されているが、適評であろう。

幽囚時代の作は、なお太田真琴編輯の『近世詩史』(明治九年四月、牧野善兵衛刊)下巻に二首見出せる。その一は、「上田幽囚雑感」と題する五律である。(『松斎遺稿』にも収まる)

又見秋風起　又た秋風の起るを見る
其如感慨何　其れ　感慨を如何《いかん》せん
壮心猶有在　壮心　猶ほ在る有り
忠胆未消磨　忠胆　未だ消磨せず
朝誦幽懐賦　朝に幽懐賦を誦し
夕吟正気歌　夕に正気歌を吟ず
恨逢多故日　恨むらくは多故の日に逢ひて
空作楚囚過　空しく楚囚と作《な》りて過ごすを

今年もまた秋風が立ちそめた。
感慨が生ずるのを如何ともしがたい。
やってやろうという気持は、まだ持っているし、
忠義の思いも消えてはいない。
朝には李翶《りこう》の幽懐の賦を朗誦し、
夕には正気の歌を吟ずる毎日。
残念な事には戦争の頻発する時期であるのに、
家国のために何もできないまま異国に幽閉されて過している。

唐の李翶の「幽懐賦」は、世が治まらないのをなげいて、鬱陶した懐いを叙べた作だが、正気歌とともに日々それを朗誦している所に、時勢非なるに際して君恩に報いられず、手を拱《こまね》いているだけの彼の無念さが表われている。

他にこの時期の詩が二首、『松斎遺稿』に「禁錮中の作」と題して収められている。その次には「獄中作」という、第七節で引いた詩の内の第五首が掲げられているが、「禁錮中作」が上田幽囚の時の作、「獄中作」が京都の牢獄中の作、と明確に分けられている、と考える。その第一首は、次の通りである。

分明夢到若松城　分明に　夢は到る　若松城に
膝下奉歓笑語傾　膝下に歓を奉じて　笑語傾く

一枕驚回在牢獄　一枕　驚き回《めぐ》れば　牢獄に在り
半窓落月杜鵑声　半窓の落月　杜鵑の声

若松の市街にいる夢をはっきりと見た。
おっ母さんの前に坐って御機嫌を伺い、思うさま談笑している。
目が覚めてみれば、牢屋の中で、
半ば開いた窓に月がかかり、ホトトギスが鳴いている。

転句に「牢獄」と言うが、それは幽閉されている事をそのように表現しただけであることは、次の詩からも理解されるであろう。承句に母親思いである事が伺われる。
第二首は、次の通り。

獄裏光陰長更長　獄裏の光陰　長きこと更に長し
何時逢赦理帰装　何れの時にか　赦に逢ひて　帰装を理《おさ》めん
自憐孤枕宵々夢　自《みづか》ら憐む　孤枕　宵々の夢
半到京城半故郷　半ばは京城に到り　半ばは故郷

牢屋での時間は長いが上にも長い。

いつになったら赦免されて、帰り仕度ができるのか。
自分でも可哀相に思う、毎夜、独り寝して、
京都と故郷の夢をかわる〴〵見るなんて。

京都に在って浪士たちと酒楼に上り、時事を議論しあっていたのは、間諜の件はともかくも、恭平にとっては前半生の華やかなりし時期であったので、そこにおける生活が原因で幽閉の身になっても、やはり忘れられないものがあったのであろう。そうした複雑な機微を転結句は詠じたものである。また承句には、この頃になると、死刑にはならない、という情報が入っていた事が暗示されているのである。

かくて、明治元年（三十九歳）、王政復古、天下に大赦が行なわれ、恭平も長い〳〵幽閉から赦免される。その折の詩が『近世詩史』に、もう一首掲げられている「将に上田を発せんとす、賈島の桑乾を渡るの詩韻を用ひて、鍾美館の諸彦に留別す」（「将発上田、用賈嶋渡桑乾詩韻、留別鍾美館諸彦」）である。これは『松斎遺稿』にも、中間の八字（「用」から「韻」まで）を除いた題で収められている。

幽囚待命六星霜　幽囚せられて　命を待つ　六星霜
何料生還発信陽　何ぞ料《はか》らん　生還　信陽を発せんとは
莫怪臨岐垂涕涙　怪しむ莫かれ　岐に臨んで　涕涙を垂るるを
多情也似出家郷　多情　也《ま》た家郷を出づるに似たり

幽閉されて処刑の命令を待つこと六年、
思いがけなく生きて帰れる事になり、信州を立とうとしている。
別れに際して涙を流すのを訝らないで下さい。
情の深い私には、ここを離れる事が故郷を離れる事のように思えるのです。

右の詩に拠って、恭平が幽閉されていた家屋が鍾美館といった事、幽閉されていた期間が六年間である事が判明するのである。また、長年幽閉されていた間に、恭平がすっかり上田藩の人々と親しくなって、これまでのように「楚囚」と異邦人である事を強調する態度が消失している事に気づかさせられるのである。唐の賈島の「桑乾を渡る」は、『唐詩選』七にも収められて有名な作だが、

客舎并州已十霜　客舎　并州　已に十霜
帰心日夜憶咸陽　帰心　日夜　咸陽を憶ふ
無端更渡桑乾水　端《はし》無くも　更に桑乾の水を渡って
却望并州是故郷　却って并州を望めば　是れ故郷

と、故郷の咸陽に帰れるどころか、十年間客寓していた并州から更に北のかた桑乾河を渡ることになった今は、むしろ并州が故郷のように思われる、と詠じたものである。賈島の咸陽が恭平の会津に、并州が上田に対応しているのであるが、そのように巧妙に賈島の詩意を翻案する事に拠って、面倒を見てくれた上田藩士への気づかいを示した作品である。

九　前半生

順序は前後するが、ここで木像梟首事件を起す以前の恭平の前半生を振り返ってみよう。『松斎遺稿』を編んだ五十嵐治太郎は、恭平と「交遊親睦ヲ重ヌル事殆ンド二十余年」（昭和二年一月元旦執筆の序）という人だが、その「故大庭松斎翁小伝」に拠れば、恭平は会津藩士大庭正吾の二男として、天保五年（一八三四）、若松に生まれた、と言う。だが、前引した詩に言うように、文久三年に三十三歳であったとすれば、『明治維新人名辞典』にも言うように、天保元年（一八三〇）生まれである。三歳の時、父を失い、母の手によって訓育された、と言う。また、広沢安宅の伝に拠れば、少壮、江戸に出て、後藤某に就き草書を学び、技大いに進み、運筆風を生ずる趣きあり、と言う。両書とも、恭平が藩校日新館に学んだとは書いていない。その国学や漢学の教養を何処で得たのか、俄かには判明しない。とにかく、貧しい下級武士の家に生まれ、しかも父が早世したため、同藩のエリート南摩羽峯や秋月韋軒のように、日新館から江戸の昌平黌に転ずるというコースを取る事はできなかったようである。

恭平が前半生で作った詩で、作製年時が判明するものは「歳晩述懐」と題する雑言古詩だけである。これには青年恭平が抱いていた鬱屈が看て取れる。

君不見諸葛武侯　君見ずや　諸葛武侯
二十七応聘決策　二十七にて　聘に応じ策を決し
興漢室威名赫赫　漢室を興し　威名赫々《かくく》

照汗青長与日月競皎潔　汗青を照らし　長く日月と皎潔を競ふを
嗟吾悠々何所為　嗟す吾　悠々として　何を為す所ぞ
齢同諸葛出盧時　齢は　諸葛の盧を出づる時に同じきも
碌々空在阿母下　碌々として　空しく阿母の下に在り
慷慨毎傷士気萎　慷慨　毎に傷む　士気の萎えたるを
学武不学武人武　武を学ぶも　武人の武を学ばず
愛詩不愛詩人詩　詩を愛するも　詩人の詩を愛さず
眼底自知殊時調　眼底　自《みづか》ら知る　時調に殊なるを
業拙徒招世人嗤　業拙にして　徒らに世人の嗤《わらひ》を招く
学業依然歳華逼　学業　依然として　歳華逼り
万感集来双涙垂　万感　集り来りて　双涙垂る
為慰老親強談笑　老親を慰むるが為に　強ひて談笑す
此心無復世人知　此の心　復た世人の知る無し

あなたは見ないか、武侯諸葛亮が、
二十七歳で劉備の召しに応じて策《はかりごと》を立て、
蜀漢を興して名声いちじるしく、
史書に名を留めて、永遠に日月と輝かしさを競うのを。

ああ、私はのんびりと何をしているのか。
年齢は諸葛亮が庵を出でて仕えた時と同じであるのに、
お役にも立たず、無為におっ母さんと暮しており、
いつも士気が衰えている事を憂いなげいているなんて。
武術を学んではいるが、専門の武人のそれを学んだのではなく、
詩を好むが、専門の詩人の詩を好むのではない。
自分の眼力でも時代の流行とは異なる詩である事がわかるし、
武士の務めもつたなく、空しく世人から嘲笑されておる。
学業は相変らず進歩せず、今年も暮れてゆき、
万感こもごも生じて、涙があふれる。
老母を心配させまいと、無理やり談笑してみせるが、
この心情を世間の人間はわかってはくれまい。

「二十七」という語に拠って、安政三年（一八五六）歳暮の作である事が判明する。安政三年と言えば、八月には米国駐日総領事ハリスが通商の自由および通貨交換比率取決めを下田奉行に要求し、世上は尊皇攘夷で激動している時だが、下級武士である恭平は表舞台に立って才腕を発揮する事もならず、空しく陋屋に在って老母と炉を擁している。既に述べたように、彼は「万事平生人後に落つ」という根強いコンプレックスを持ち、うだつが上がらない自分にいら〳〵しているが、幼い時から母の苦労を見ていて、母親思いでもある彼は、そのようなコンプレックスや焦燥感を老母にぶ

つける事もできず、まるで二十四孝の老萊子《ろうらいし》の如く、努めて老母の前で笑顔を作って見せる。他に多数の詩が無くとも良い。この一首だけで恭平の前半生の生活と心情の殆んどすべてが推し量れる。そのような圧縮された質量感を、この一首は『松斎遺稿』において占めているのである。

このように、為すべき事が与えられないでいた恭平に、為すべき仕事が与えられた機会が、松平容保侯の京都守護職就任なのであった。『幕末会津志士伝』の家老横山主税の章には、当初は藩を挙げて守護職という大任にためらっていた同藩が、就任を決意したからには、「小吏に至るまで門地に倚り採用」するという旧例を破って、「大いに人才登庸」するために、「新たに公用局を設け、人才を抜擢して、之に任ぜられた」事が記されている。公用局の「書記役」として「有為の人物」なるが故に抜擢された一人が、実に大庭恭平であったのである。「軀小にして胆大なり、常に無事を嫌ひ、詭激《きげき》（過激）を好むの風あり」と広沢安宅が評している恭平が、雌伏多年、大いに為すあらんと心がけていた恭平が、尊皇攘夷の志士たちが群がる京都に入って来て、張りきるのも、無理はなかったのである。

十　坂本平弥斬殺

話は第八節に接続するが、上田から会津に帰った恭平に対して、既に鳥羽・伏見の戦い（戊辰戦争）を経て、朝廷から賊軍として見なされていた会津藩主松平容保は、

「我が藩は朝廷の罪人となったが、そちだけは免がれておる。何と幸いな事ではないか」

と言った、という（『函館游寓名士伝』下）[4]。

確かに会津藩士として鳥羽・伏見の戦いに参加する事が無かった恭平は、賊軍の汚名をこうむらずに済んだ、と言え

ば言える。しかし、幽閉中に「壮心猶ほ在る有り、忠胆未だ消磨せず」と、髀肉の嘆をかこっていた恭平が、ぬく〱と無罪放免の安穏な境遇におさまっているはずも無かった。また、維新以後も官軍が賊軍を掃討するための一連の戊辰戦争が続いている時勢に在っては、そう在ることが許されなかった。広沢安宅の『幕末会津志士伝』に拠れば、恭平は、明治元年の戊辰戦争では、まず越後方面——越後の水原は会津藩の飛び地（遠隔の領地）であった——に出陣し、幕将古屋作左衛門（元幕臣。大政奉還後も幕府の再興を願って、衝鋒隊を率い、会津と結んで抵抗運動を行っていた）の軍監となり、軍議に参じた、と言う。

衝鋒隊が越後で戦っていたのは、明治元年閏四月下旬の頃である（井上一次著『北越戊辰戦争と河井継之助』昭和三年四月、イデア書院刊）から、恭平は、これ以降に古谷の軍監となった可能性がある。

『幕末会津志士伝』は更に言う。幕府の遊撃隊長坂本平弥が会津の力を借りて幕府を再興する事を謀ったので、会津藩は彼を越後に出軍させた。平弥は越後与板《よいた》に陣を構えたが、軍勢振わず、退却した。与板藩は元来、彦根藩の分封で奥羽越連合の同盟者であったが、官軍が侵入したので、盟約に背き、官軍と結んだ。平弥は滞陣中、与板藩士某の娘に通じ、退軍の後も文通し、機を見て軍を脱し入婿する事を約束していた。その往復文書が会津藩の越後総督の手に入ったが、平弥が剣の名手なので、暫く処分を躊躇していた。たま〱恭平が公用で蒲原郡水原《すいばら》の会津藩総督（佐川官兵衛）本営に来り、総督が彼に平弥処分を命じた。平弥もたまたま水原に来ており、恭平が営門を出る折、はからずも平弥に会った。恭平は、

「拙者は用事あって、君を訪れようとしていたが、ここで会ったのは幸いじゃ。一緒に酒楼で飲もうではないか」

と、平弥を酒楼に伴った。

平弥には従者が二人いて、左右を離れない。恭平にも杉本弥次郎という随行者がいた。恭平は、彼の従者を遠ざける

には、まず杉本を遠ざけなければいけない、と考え、立って行って弥次郎を招き、耳元でささやいた。

「君はあの二人を連れて階下に下りてくれ。あの二人が二階の騒ぎを聞いて、上ろうとしたら、君は階段でこれをさえぎってくれ」

弥次郎はうなづいた。恭平は席に戻り、平弥に言った。

「大事を相談したいが、他聞を憚かるので、連れの者を遠ざけた。君も従者を去らせてくれ」

平弥がその通りにすると、恭平は懐ろから総督が押収した艶書を出し、平弥に示して言った。

「君はこれを知っているか」

平弥はじっと見て、大層驚き、弁解しようとしたが、言葉にならない。

恭平は、

「厠《かわや》に行く」

と、つと立って、ひそかに弥次郎を招いて言った。

「拙者がこれから大事を決行するから、よく注意しておれ」

それからすぐに二階に上り、席に戻ると、小刀を手にして大喝した。

「裏切り者め、軍法に従って誅伐致す」

と言うや否や、小刀で平弥の頭に斬りつけた。

平弥も応じたが、ついに倒れて死んだ。二人の従者は、そのまま逃げた。

与板藩が帰順したのは明治元年五月十三日（『北越戊辰戦争と河井継之助』六四頁）と言うから、坂本平弥が与板藩士の家に入婿する事は、その後に生じたのではなかろうか。なお、管見の限りでは、平弥の名は、『会津戊辰戦史』三八二頁に「(元年)閏四月二十七日……旧幕遊撃隊坂本平弥の隊なりは山を巡りて西兵の側面より兵を潜めて進み、急に広野峠の西兵を攻撃す」と見え、高松卯喜路著『幕将古屋佐久左衛門(兄)・幕医高松凌雲(弟)伝』(昭和五十五年三月刊)一一二頁に、「五月二日……旧幕新遊撃隊(隊長坂本平弥)は関原に宿陣し」とある以外、他に見出していないので、右の平弥誅罰が何時の事であるのかは、俄かには判明しないのであるが、与板藩帰順以後の事であると言うのだから、明治元年五・六月の交の事ではなかろうか。

この坂本平弥一件は、『函館游寓名士伝』にも記されている。即ち、

松斎が越後に行くと、彰義隊の部将坂本平弥が横行していて、忌み憚ること無く、富豪を恐怖させていた。彼は兵を柏崎に出したが、戦わずして退き、三条《ママ》の娼楼に投じて酒色をほしいままにしていた。松斎はこれを聞き知って、大そう怒り、一刀を腰にして、その楼に行き、名刺を出して平弥に見せた。平弥は左右の壮士たちと酒を飲んでいる。松斎は言った。

「尋ねたい事がある。傍らの者を下げてもらいたい」

平弥が言う。

「願くはお話を承けたまわりたい」

松斎が進み出て、その罪を責めたてると、平弥は言葉につまって、平伏した。松斎が、すぐさま刀を抜いて、その首を斬ると、流血は淋漓とあたりに流れる。驚いている傍らの者に向って、松斎は、

「あなた方には関係がない事だ。まずは刀を収められよ」

と諭した。皆は意気沮喪して、誰一人として戦おうとはしない。松斎の剛毅果断なることは、かくのごとくである。(5)

というものである。この兵弥が「横行して忌憚なく、豪富を讋怖《しょうふ》せし」めていた事については、『新発田藩戊辰始末』に明治元年四月、古屋佐久左衛門の衝鋒隊が新発田藩の重臣を脅して金千円を出させた事の次に、

徳川氏新遊撃隊坂本兵弥及ビ水戸脱藩市川三左衛門等、四・五百人ヲ率キテ来往シ、其一部隊二百余人ヲシテ我城下ニ来泊セシメ、金ヲ借ラント請フ。又金千円ヲ与フ。

と記されている。これに拠って、恭平が井口一眠に語った体験談には裏付けがある事になる。それにしても、恭平が剛毅果断であることは勿論、誅殺の段取りが計画的である事には驚かされる。

十一　戊辰戦争

戊辰戦争における、その後の恭平の行動の輪廓は、広沢安宅の『幕末会津志士伝』凡例によって窺い知られるであろう。即ち、明治元年八月二十三日、若松城が官軍に包囲されると、八月二十七日、安宅は、「大庭恭平氏隊の部将となり」、城外に出て戦ひ、九月十日には転戦して遂に藩境外に至り、軍議の結果、福島・仙台を経て庄内に到り、遂に同藩士等と共に官軍に降服した。明治二年正月、庄内から会津に到り、謹慎を命ぜられ、後、幾許もなく越後高田に移転を命ぜられ、翌三年四月、赦免された、という。恭平が隊長であったと言うのだから、彼も、大体、右と同一の行動であったろう、と思われる。この大体の輪廓を踏まえて、戊辰戦争における、それ以後の恭平の活動を、もう少し細かに見てみよう。それには『会津戊辰戦史』（昭和八年八月、会津戊辰戦史編纂会発行）が役に立つ。

若松城北方の高久《たかく》村に在った会津藩士菅野権兵衛と山内遊翁の一隊は、官軍包囲の情報を聞いて、八月二十五日、城中に入ろうとして進軍したが、官軍（長州・大垣・土佐）が防戦したので、衆寡敵せず、再び高久に退陣した。時に、古屋佐久左衛門と大庭恭平らは、衝鋒隊をひきいて高久に来り、菅野陣将に面会し、直ちに共に再び進撃するよう勧めた。菅野は、

「我が兵は疲れて、働かす事ができぬ」

と言う。が、古屋は猶も勧めて止まない。そこで、山内遊翁隊と長岡藩の兵百余人をして古屋を助けさせる事となり、正午頃、すべて四百余人の衝鋒隊を二分し、古谷は一隊を率いて一方から進み、恭平は一隊を率いて長命寺の背後から進み、長岡兵は北方よりし、各隊が決死奮闘したので、長州・大垣の兵は崩れようとした。そこへ土佐・薩摩の兵が来って応援したので、衝鋒隊に付いていた三人の会津藩士が戦死し、歩兵の死傷する者は七十人に及んだ。そこで古屋たちは、兵を高久に収めた。独り恭平は、衝鋒隊を率いて城に入り、黒金門に至り、松平容保・容大《かたはる》二公に謁した。容保公は、恭平に対し、古屋に賜わる手書を渡し、将士に酒饌を賜った。

以上の『会津戊辰戦史』五六五・六頁の記述は、『若松記』『七年史』『大庭恭平書出』に拠った、と言うから、恭平はこの折、勇敢に戦闘したばかりか、戦闘報告書をも作製・呈出していたことがわかる。

八月二十六日、容保公は、大庭恭平をして古屋佐久左衛門に賜う親書を携え、高久の本営に至らしめた。折から官軍は、高瀬口から高久を襲撃して、会津軍は利あらず、兵を小荒井（耶麿郡喜多方町の大字）に収めた。恭平はそこで小荒井に至り、容保公の親書を古屋に渡した。時に古屋の衝鋒隊は瓦解状態になっており、恭平は百方説いて、隊勢を維持させた。古屋は大鳥圭介(6)とともに猪苗代進撃の議を唱え、将士を率いて猪苗代に向ったので、陣将上田八郎右衛門は恭平をしてこれを追跡して、進撃の事を謀らさせた。大鳥と古屋は、

「兵糧・弾薬が乏しくて、戦う事ができぬ。今、小笠原侯（壹岐守長行《ながみち》。唐津藩世子。老中を務めた）・板倉侯（伊賀守勝静《かつきよ》。備中松山藩主。元老中）が福島に在らせられる。我らは福島に至り、進撃を謀ろう」と言って、その隊兵はことごとく福島に赴いた。恭平たちもやむなく、共に福島に至った。(7)（大庭恭平書出。南摩綱紀筆記）

『幕末会津志士伝』には、古屋が猪苗代進撃の議を唱えた時、「独り恭平、之に服せず、同行を拒」んだ。それを陣将上田七郎右衛門《ママ》が、忍んで追行し、古屋の策戦を実行するよう勧めたので、恭平は已むを得ず、福島に出た、と言う。右の大鳥・古屋と上田・恭平の態度の相違は、会津出身であるか否かに起因しよう。元来が幕臣である大鳥・古屋は、この頃には既に会津を見棄てていて、本音は、仙台に行って榎本武揚《たけあき》と合流する事に在ったのであろう。それに対して、会津の人間である上田と恭平は、会津を見棄て難く、大鳥・古屋の提案になか〳〵賛成しようとはしなかったのである。

かくて、注(7)にあるように、九月九日、大鳥と古屋は福島へ向けて出発した。恭平がこれを追って福島へ出たのは、広沢安宅の言が示唆しているように、九月十日の事であろう。

既にして大鳥と古屋は福島に至った。恭平と金子忠之進・籾山精助らも後から到着した。これより先、大鳥は、恭平たちと、小荒井から磐梯山後を廻り、猪苗代城に至り、若松城外の官軍を進撃して囲を解く事を申し合わせて出発したが、大鳥・古屋はこれを履行せず、直ちに土湯《つちゆ》を経て福島に行こうとしたので、恭平たちがこれを力争したのであるが、大鳥・古谷は前述した如く福島に行く事を主張した、とも言う（南摩綱紀筆記。『会津戊辰戦史』三六四頁）。

福島では前述した如く、奥羽越列藩同盟に加わっていた小笠原長行が田中某と変名して、諸軍の指揮を執っていた。恭平は、小笠原に謁し、若松城応援策を献じたが、用いられなかった、(8)と言う（『幕末会津志士伝』）。注(8)に見る如く、大鳥圭介が九月十二日に小笠原長行に二本松侵撃を献策した、と言うから、恭平もこの時に大鳥と一緒に右の献策を行ったのであろう。

恭平は、古屋らが仙台に至って榎本武揚を頼ろうとする気配を察したので(9)、恭平は古屋に先んじて仙台に至り、その地で輪王寺宮を擁して大いに為す所あらんとしていた覚王院義観（元、寛永寺の寺務総括）に謁し、速やかに若松を救援するよう請うた。義観は、古屋などの心事を聞いて、大そう怒り、

「彼らは若松の危機を見捨てて救わないばかりか、ここまで逃れて来て我らに会おうとするのは言語道断、武士の魂ではない。余は彼らに会うのを恥じる」

と言った、という（『幕末会津志士伝』）。

榎本武揚は、一方では輪王寺宮を擁し、一方では奥羽同盟の諸侯を糾合して、頽勢を挽回しようと努力したが、仙台藩の恭順論者遠藤文七郎（允信《さねのぶ》）等は、ついに新政府軍と手を結んだ。独り庄内藩のみが会津と存亡を倶にしようとして屈しない。そこで武揚は恭平に、

「仙台はもはや頼むに足りない。君は速やかに庄内に到り、私が情報を知らせてから行動せよ」

と命じた。恭平は十九名の兵士を率いてすぐさま出発し、庄内に到ると、庄内藩の兵士は既に新政府を支持する秋田に攻め入り、秋田藩を奥羽同盟に引き入れようとする勢いである。恭平は藩庁に行き、

「何れの方面でも宜しいですから、庄内軍に一臂の力を添えたいものです」

と請うた。数日すると、同藩の重臣酒井吉之亟が現われて、

「貴藩は若松において九月二十二日、降伏開城なされたと聞く。さようならば、我が藩のみ独り抗戦しておっても詮なし、よって君らも、我が藩とともに帰順なされるが宜しかろう」

と言う。

恭平は初め、これが信じられず、一時は躊躇していたが、確報を得たので、十九名の兵士とともに降服した。やがて会津に護送され、ついで越後高田に謹慎を命ぜられ、一周年の後に赦されたのである（『幕末会津志士伝』）。

恭平が庄内に入ったのが、明治元年九月二十日頃の事であったろうことは、後述する。

右の榎本武揚が恭平に「仙台は最早頼むべからず。君、速やかに庄内に至り、吾が報を竢《ま》ちて、後図を為せ」と命じた、という『志士伝』の記述に関しては、別の史料に拠って補う事ができる。それは、会津藩士にして、嘗て京都で恭平と勤務を共にし、この明治元年九月には仙台に在り、やがて武揚に従って函館に移った小野権之丞の日記『小野権之丞日記』（『維新日乗纂輯』第四巻）である。その明治元年九月十二日の記事には、

会（津）兵来《きたる》を見れバ、大鳥・古屋・純義隊等也。大鳥等……軍議の処《ところ》、……桑折《こおり》を根本といたし、夫《それ》より米沢へなり、二本松方《かた》なり、臨機進撃し、会津へ打入《うちいり》の敵を撃《う》つの外、策なしと、大鳥建策ニ依リ、……

とあり、大鳥・古屋の一団は、九月十二日に仙台に入った事、従って恭平も同日に彼らに先んじて仙台に入ったろう事、大鳥が当初は若松を救援しようと考えていた事等が知られるのである。

ついで九月十四日には、仙台藩が官軍に恭順する事が決定し、失望途方にくれると述べられた後に、

大鳥・古屋・純義隊等ニ於てハ、疾《とう》ニ承リ候や、大瓦解の躰にて、仙堺越河関《さかいこすごう》へ逸足《いちあし》出して入込み、兼ねて衝鋒隊へ付けられ候者ども、大場《ママ》恭平等始め、昨夜より一同相成り候ニ付き、申し談じ候へども、右の都合ニ候へバ、建戻《たてもどし》の策もこれ無く、切り抜け、御城下（へ）通ずべきニハ、米（沢）兵道を擁し、迚《とて》も相違すべき程の勢ハな

し、徒らニ道路ニ屍を晒《さら》すも笑を残すのみにて、無益の事也。残念極まり、泣々《なくなく》越河関を入《いり》候へども、前へ一歩、後へ一歩、胸中焦がるるが如く、初更過ぎ、犀川へ著き、何とぞ此の次第、御城中へ相達候よう致したく、彼是心配中、吉村寅之助・武田敬助今度、大場等と一同の者也両人、山を潜み候ても参り申すべき旨ニ付、一同然るべしとの議ニ因り、同所より差し戻し候処、終《つひ》に入る事叶はずとして、後日、仙（台）城下へ入り来り、残懐の事ども也。

とある。大鳥・古屋の一団は、仙台藩の恭順を知って瓦解状態になり、仙台藩の南境いの越河の関所へ逃げ込む体たらく。その中で、古屋の衝鋒隊に所属していた恭平たちは、小野権之丞と相談して、越河関から会津へ走ろうと思うが、既に官軍に帰順した米沢藩兵が道をさえぎっていて、それも叶わない。やむなく犀川（現、白石市）まで戻ったが、どうしても会津藩に自分たちの情報を知らせたく、また会津への山中の道を探したが、結局それも不可能で、再び仙台へ戻る、という辛苦を嘗めているのである。

九月十五日には、次のようにある。

白石表に於て、過日、兵粮・弾薬等、金田三右衛門へ談事置き候処、断りに及ぶ。大河原へ止宿の処、仙藩にての強兵額兵隊、其の外《ほか》有志の者ども、今度の恭順を不得心にて、所々へ立ち退き、姦悪を除《の》く策を運《めぐ》らし居り候由《よし》、相聞へ候に付き、是を根兵と致し候ハバ、大鳥・古屋の兵引き戻しもでき、若松表へ応接の道、相調ふべくやと気力を得、夜半なれども直ちに人足申し付け、大場一同、十六日朝、駈け付け候処、存じ込み相調ひ申すべく候見詰《みつもり》もこれ無く、断腸断腸。

白石で兵糧や弾薬を補給する事に失敗した恭平たちは、北上して大河原に泊っていたところ、額兵隊などが抵抗の気配を見せているので、(10)これと結べば、大島・古屋の兵も戻せ、若松へも連絡できるようになろうと元気づき、九月十六日朝に仙台へ駈けつけたのである。だが、その目算もはずれ、若松を救援する手だては殆んど断たれたのである。

かくて、小野権之丞は、九月十七日、

夜中、榎本氏へ行きて計る。益ナシ。

と、最後の頼みの綱、榎本武揚に会津救援について相談したのであるが、仙台藩が恭順した以上、この地へ滞留するとも益無し、

軍艦の準備が出来次第、陸軍の諸兵隊を軍艦へ載せて、先づ蝦夷に赴き、天朝へ歎願し、脱走のもので彼の地を開拓する」(『大鳥圭介伝』一三三頁)

という構想を抱いていた武揚は、これを断わり、それどころか小野に対して函館に同行する事を迫ったであろう。この九月十七日夜の会談に恭平も同席していて、前述したような事を武揚に言われたのであろう。小野の日記の九月十八日には、

開陽始め付属の船々へ残らず乗組の儀、申し入れ候へども、右船ニハ限り有りて相叶はず候ニ付き、庄内行と半々

ニ相成り候様、申し談じ、大場始め、今日より追々発足す。

とあって、恭平たちも武揚の率いる軍艦開陽丸への乗組を申し入れたようであるが、定員超過のため、許されず、なお も官軍へ抵抗している庄内へ行く事になったのである。

以上、前述した武揚の庄内行き命令のより詳しい事情が明らかになったであろう。恭平が進んで庄内へ行ったのか、それとも不承〳〵行かされたのか、そこまでは判明しないが、前引した武揚の口調に拠れば、何か武揚に丸めこまれているような気配が無いでもない。とにかく、九月十八日、恭平は庄内へ出発したのである。

その後、小野が九月二十三日の会津降伏を聞いてから、その日の夕刻、

夕刻出起、庄内志して罷り越し候処、翌廿四日、岩手山入口ニて、先日より出起の面々戻り来るに行き逢ひたり。米沢より出兵□□、往来を差し留め、通路相叶はざる趣なり。拠《よんどこ》ろ無く□同引き返し、……（九月廿一日以降）

と、庄内へ向けて出発したところ、二十四日、庄内方面から戻って来る一行に出会った。これは恭平より三日後れて、九月二十一日に出発した者たちであろうが、彼らは米沢藩兵に道をさえぎられて、庄内へ入れなかったのである。という事は、先発の恭平は庄内へ入ることができて、前述したような活動を行い、庄内藩降服の後、会津へ護送された、という事になるのである。

以上のように見て来ると、恭平が徹底して恭順降服に反対で、戊辰戦争の終末の頃まで、孤軍奮闘、会津を救援しようと動いていた事が知られるのである。大鳥圭介・榎本武揚・古屋作左衛門は、所詮幕府の客将であったし、戦局を大

局的に眺められる情報を得られたから、最後は敗色濃厚な会津を棄てざるを得なかった。しかし、恭平にとっては会津は郷国であり、自分を引き立ててくれた容保侯のおわす所でもあるから、これを見棄てる事はできない。そのような恭平からすると、幕府の客将たちは憶病と見え、憤懣を覚王院義観に訴えるような事もあったであろう。しかし、これは、それぞれの立場や戦局把握の相違に由来する齟齬であって、恭平独りが勇敢であった、と言い切って済むものではなかろう。とにかく、恭平が会津のために献身した事は、確かな事であったろう。その点では、副軍事奉行として常に松平容保の傍らにおり、米沢藩の使者が王師（官軍）に降服するよう勧めると、容保の命令で米沢に到り、この事を議し、戊辰の乱治まって後、王師に抗する首謀者の一人として足かけ五年禁錮される事になった秋月韋軒と同様の忠義者、硬骨漢なのであった。ただし、韋軒は上層のエリート将校、恭平は外人部隊の目付、という相違はあるが。

十二　遺体処理

会津藩降服の後、藩士は猪苗代と塩川に二分されて謹慎していたのであるが、明治元年十二月十八日、士分以上の者には鎮将府から御扶助米二人扶持が下される事が若松在陣官軍参謀から旧会津藩家老に伝えられた。十二月二十八日には、同じく在陣参謀から旧家老に、猪苗代謹慎の旧藩士は松代藩に、塩川謹慎の旧藩士は高田藩に幽囚せらるる、という命令が伝えられた（『会津戊辰戦史』六五四頁）。恭平は高田藩に幽囚された、と言うのだから、明治二年正月、庄内から会津に戻って来ると、塩川組の方に廻される事になるのであろう。

会津に戻った恭平の眼に映ったのは、荒廃した会津の自然である。「若松城懐古」（『松斎遺稿』）は、その頃の作であろう、と思われる。

夕陽下馬倚長風　夕陽に　馬より下り　長風に倚る
風景不殊感不窮　風景は殊ならず　感窮まらず
挙目山河復非昔　目を挙ぐれば　山河　復た昔に非ず
寒烟衰草満地中　寒烟　衰草　満地の中

夕日のもと、馬から下りて、遥かに吹いて来る風に吹かれていると、城の風景は乱後も変っていなく、無限の思いに誘われる。だが、目を遠くへ放って見ると、山や河などの自然は、もう昔のままではなく、到る所、わびしいもやに包まれて、草がしおれているばかりだ。

杜甫の「国破れて山河在り、城春にして草木深し」(「春望」)は、人為の滅びやすさに対して自然の永遠なることを詠じたものだが、これは逆に、若松城は破壊されていないが、会津の自然の方は戦乱によって一変した悲哀を詠じたので、そこが視点の新しい所であろう。

明治二年正月三日、高田藩に幽囚される者一千七百四十四人は、この日から五日に至るまでに、日を隔てて高田に出発した、と言うが、恭平はこれより遅れて高田に移ったのであろう。越前・加賀・米沢・高田の藩兵が移住者を護衛し、待遇は懇切を極めた、と言う。また、正月七日には、在陣参謀から、幽囚される藩士に一人に付き金札壱両が下賜される命令が下り、金札は出発当日に渡す、と言う。第一回に高田へ出発した者たちへは急使を馳せて、正月八日の夜、山ノ内駅において交付した、と言う(前掲書六五五頁)。

二月十一日、高田藩に幽囚された旧藩士へそれぞれ二人扶持が給与され、自炊すべし、という命令が下されたが、この扶持では生活し難いので上申したところ、同月十六日から自炊とし、それぞれ二人扶持のほかに高田藩から一人扶持を増し、合計三人扶持を給与し、その内、一人分はおのおの白米四合六勺を給与し、残り二人分は市場の相場をもって現金に換え、給与された、と言う（前掲書六五七頁）。

この二月には、若松在陣参謀から旧藩士に対して、取締と称する役員二十人を選定して届け出ずべし、との命令が下り、役員が二十名ほど選定されたが、その内に大庭恭平の名が見える。即ち、恭平は庄内から戻って、直ちに高田に移ったのではなくて、後述するように暫く滝沢村で取締を務めていたらしい。この取締とは、当時、会津の旧藩士で各地に潜伏している者が少くないので、これを見出すごとに滝沢に送って謹慎させる手続をなさしめ、その他、旧藩に関する事を適宜取り扱わさせる、というものである。この取締に選ばれた者に対しては参謀から、謹慎のまま居残り取締を命じたが、ただし滝沢村の謹慎所より外出するのを禁ずる旨の辞令が交付された、と言う（前掲書六六五頁）。そうすると、恭平も滝沢村に居残った事になるが、それは前述した。

この取締を務めていた間に、飯盛山の白虎隊士の死体が風雨に晒され、山鴉・野犬の餌食になっていたので、取締の一人の町野主水《まちのもんど》が旧藩家老原田対馬に稟議し、恭平らと若松参謀府に至り、参謀三宮《さんのみや》幸庵義胤に面会し、死体埋葬の許可を願い、数日間、反復交渉した後、飯盛山自刃の白虎隊士に限り、ようやく埋葬の許可を得た。よって町野らは埋葬費を調達し、飯盛山の要地に墓地を定め、白虎隊十九士の死体を埋葬した、と言う（前掲書六六五頁）。

恭平が白虎隊について詠じた詩には「十六《ママ》士殉難図に題す」（『松斎遺稿』）がある。

平素服膺君父令　平素　服膺す　君父の令に

一斉殉国死何軽　一斉に　国に殉《じゅん》ず　死すこと何ぞ軽き
童時読慣童子訓　童時　読み慣る　童子訓
不負忠臣孝子名　負《そむ》かず　忠臣　孝子の名に

普段から主君や父の指示によく従って、
揃って国に命を捧げ、死をも何と恐れなかったことか。
幼時から『日新館童子訓』を読み習っているので、
忠臣孝子の名にそむかないのだ。

この詩の製作時期は、この時のものとは決定できないが、明治元年から比較的近い頃のものではあろう。会津では藩校に日新館があり、享和三年（一八〇三）に『日新館童子訓』を藩版として刊行して、子弟に幼時から忠孝を鼓吹した。そうした藩の気風・学風が白虎隊の殉難十六士《ママ》を生み出したのだ、と詠じたもので、「童時」と「童子」は日本音では同音になるから、その反復が面白いのである。ただし、中国音では「時」は平、「子」は仄音で、二六対の約束にはずれることになる。

右の取締は、困難を冒して、一般戦死者の無数の死体を阿弥陀寺および長命寺に収葬し、墓標を建てたが、書にすぐれた恭平は、阿弥陀寺の墓標に殉難之墓という文字を揮毫した。同寺内には二百両を要して拝殿も建てられた。ところが、ある日、阿弥陀寺の僧が滝沢に来て取締に告げて言う。参謀から命令があり、一夜のうちに墓標を撤去し、また拝殿を破壊すべし、と。取締は、やむなくこれに従った、と言う（前掲書六六六頁）。
取締として右のような遺体処理を行った後、恭平は高田に幽囚され、右に述べたような生活状況に在ったものであろう。

十三　若松県刑法官

高田に幽閉されてほぼ一年、明治三年四月に、恭平は赦に会った筈である。それから、「明治ノ初年、若松県ニ奉仕」した、と言う（『松斎遺稿』小伝）。そのために恭平は、高田から会津若松に戻り、それから任官した筈である。その頃に作られたものが七律「乱後の雑感」（『遺稿』）であろう。

乱余風景不堪図　乱余の風景　図《ず》するに堪《た》へず
又有当年鄭俠無　又た当年の鄭俠有りや無きや
曠野黄昏哭声満　曠野　黄昏に　哭声満ち
長途白日客行孤　長途　白日に　客行孤なり
人情軽薄薄如紙　人情　軽薄にして　薄きこと紙の如く
物価揚騰騰似珠　物価　揚騰して　騰《あが》ること珠に似たり
料理時宜非吾事　時宜を料理するは　吾が事に非ず
好抛微官作耕夫　好し微官を抛《なげう》ちて　耕夫と作《な》らん

戦乱の後の風景は、絵にも描けぬほどひどい。
そのかみの鄭俠のように民の困苦を絵に描かせる人がいるだろうか。
何もない広野には、たそがれになると嘆きの声がいっぱいになり、
長い道のりを白昼に旅していても、物騒なので、出会う人がいない。
人情は紙のように薄っぺらであり、
物価は珠のようにはねあがる。
政治をうまく処理するのは私の柄ではない。
よし、小役人などやめて、農夫となろう。

鄭俠（一〇四一～一一一九）は、宋の福清の人。字は介夫。初め王安石に学んだが、後に彼の新法に極力反対し、大旱に遇った際、居民が流離困苦している状を画家に描かせ、流民図として上奏した人物である（『宋史』三二一）。かような人物を引き合いにして、恭平は、鄭俠のように民衆を思いやる官僚がいないことを諷刺し、会津地方の人けもまばらに荒廃した状況を歎いている。末句の「微官」からは、この詩が若松県で奉仕していた時のもの、と推測されるのである。自己の無力さを嘆ずる余り、役人をやめたい、と言うのには、多少のポーズもあるであろうが、しかし、郷国の荒廃を憂うる情は真実であろう。南摩羽峯の評に、「一字一涙、老杜の詩を読むの思有り」と、杜甫の憂国にかよう詩情を指摘しているのは、過褒ではない。

若松で恭平が任じられていたのは、後述するように刑法官である。なぜ刑法官に任ぜられたのか考えておこう。明治初年に定められた仮刑律、同三年十二月に公布された新律綱領、同六年六月公布の改定律例と、明治初期に定められた

法律は、いずれも明律・清律などの影響を濃厚に受けて成ったものであった。従って、明治初年の法官や法律学者には漢学出身者が多かった事は、専家のよく知る所である。恭平も漢学を修めており、中国古典法を読解できたであろうから、その縁で刑法官に任ぜられたのかも知れない。

この刑法官に任ぜられた頃、更に言えば明治四年十一月から六年八月の間までに作られた、と考えられる「酒間、賦して菱田重禧に贈る時に青森県の権令たり」（「酒間賦贈菱田重禧時為青森県権令」『松斎遺稿』）に拠って、この間に青森県権令《ごんれい》菱田重禧《しげよし》に会ったこと、ひいては恭平の生活ぶりが知られる。重禧の青森県権令の任期は、右の通りであった（『海鷗遺稿』付略伝。『青森市の歴史』一九八九年、青森市史編さん委員会編、二二九頁）からである。詩は次のようなものである。

耳熟英名十五春　耳に英名熟すること　十五春
何料樽酒更相親　何ぞ料らん　樽酒　更《こもご》も相親むとは
君元弄翰横経士　君は元《もと》　翰を弄び経を横《よこた》ふるの士
我是搴旗擒将人　我は是れ　旗を搴《かか》げ将を擒《とら》ふる人
料知簿書堆几案　料り知る　簿書　几案に堆《うづたか》きを
応無吟詠慰心神　応に無かるべし　吟詠の心神を慰むること
今宵止可談風月　今宵　止《た》だ風月を談ずべし
傲骨摧残已作民　傲骨　摧残せられて　已に民と作《な》る

御尊名をとくと聞いておりますこと十五年、

思いきや、酒を酌みかわして親しくして戴きますとは。
貴殿は元来、詩文をたしなみ、経書《けいしょ》を携えるお方、
私は軍旗を掲げて敵将を捕えようとする軍人です。
推量するに、貴殿の机上には文書がうず高く積まれており、
きっと詩を吟じて心を慰める暇など無いことでしょう。
今宵はもっぱら風流な話題を語ることに致しましょう。
私はもはや角《かど》も取れて、一介の住民となっておりますから。

菱田重禧《しげよし》は、海鷗と号し、大垣藩儒菱田毅斎の六男。鳥羽・伏見の役で長州に捕えられ、斬首される直前に示した絶句が感動を呼び、かろうじて放免され、大垣に帰り、藩論を小原鉄心らとともに佐幕から勤王に統一した事で有名である。恭平より六歳年少である。両人がどの地で、どのような席で会ったのかは不明であるが、末句は、会津藩が明治三年に旧南部領の斗南《となみ》に転封され、斗南が明治四年九月に青森県に属せられた事から、青森県の人間として県の権令に対して「民と作る」と挨拶したものであろう。

そして、右の第七句の「止可談風月」という句から、恭平が時に若松県の刑法官であった事、この句を海鷗に書いてもらって書斎に掲げていたであろう事が推測されるのである。と言うのは、やはり元会津藩士であり、漢文を能くした佐治梅坡（名は為秀、字は召南、次太郎と称す）の「止可談風月斎記」（『梅坡存稿』（昭和五年十月、佐治秀寿発行）に、次のようにあるからである。

漢の尹翁帰、東海大守と為る。過《よぎ》りて廷尉を定国に辞す。定国、邑子を託さんと欲す。与《とも》に語ること終日、敢て之に見《まみ》えしめず。曰く、此れ賢将なり、汝は事《つか》ふるに任《た》えざらん、又た干《もと》むるに私を以てすべからず、と。是れ定国の翁帰を知るなり。

梁の徐勉、客と夜集す。虞曇なる者有り、詹事《せんじ》の官を求む。勉、色を正しくして曰く、今夕は止だ風月を談ずべし、と。是れ曇の勉を知らざるなり。

松斎大庭君、曽て旧若松県の刑法官たり。人となり豪爽にして客を愛す。公より退くの暇《いとま》、風騒を廃せず。然れども客の君を知る者鮮《すくな》くして、知らざる者多し矣。君、其の或は事に託し干請するを厭ひ、乃ち旧県令某公に請ひ、「止可談風月」の五大字を書かしめ、之を書斎に掲げ、痛く請謁を絶つ。人は君の清廉を称す。

余は乃ち以為《おも》へらく、客の与《とも》に世事を談ずべき者有り、而るに止《た》だ風月を談ず、客の与に風月を談ずべき者有り、而るに止だ世事を談ず。二者は皆過《あや》まれり矣と。蓋し君の五字を掲ぐるは、請謁を絶ち関節《わいろ》を防ぐ所以ならん。

今日、旧藩の人士、或は仕へ或は隠るる者何ぞ限らん。而して其の志気才幹有る者は、人、君と広沢子（安任）を推す。広沢子は隠れて出でず、牛を陸奥に牧す。然れども其の抱負する所は、自《おのづか》ら軽んぜざる者の存する有り。設使《もし》広沢子、君を過《よぎ》り訪へば、余は断じて其の談は風月に止まらざらんことを知る。然らば則ち与に世事を談ずべく、与に風月を談ずべき者は、是を之れ名士と謂ひて、君の上客なり。与に世事を談ずべきも、而も与に風月を談ずべからざる者は、是を之れ俗吏と謂ひて、君の中客なり。与に風月を談ずべきも、而も与に世事を談ずべからざる者は、是を之れ騒人と謂ひて、君の下客なり。

余の不似なる、固《もとよ》り世務に通ぜず。而るに君は余の時に風月を談じ、時に古今の英雄を談ずることを縦《ゆる》し、予をして風月の下客と為るを免るることを得さしむ。又た何ぞ幸なるや。

昔、趙叔平、退きて睢陽に居る。欧陽永叔、致仕して潁に居る。時に呂晦叔、潁に知たり。宴を開きて二公を召す。欧公、詩を作りて曰く、金馬玉堂の三学士、清風明月の両間人、と。当時、二公なる者は、皆与に風月を談ずべく、与に世事を談ずべき者なり。敢て問ふ、君の客に、二公者の如き考《(ママ)》有りや不《いな》やと。是を記と為す。

このように恭平は旧県令に「止可談風月」の書を揮毫させた、と言うのであるが、それは、前引詩第七句にこの五文字を詠じた縁に拠って、海鴎に揮毫させた事を言うのではないか、と考えるのである。果して然りとすれば、右の事は、この明治五年前後に、恭平が若松県の刑法官を務めていた事の一証佐になるのである。そして、右の文章からは、有能にして客を愛する恭平が、さすがに請謁者の多きに耐えかねて、この句を掲げる事に拠って請謁者を退却させようとしていた事が知られるのである。なお、恭平と並んで旧会津藩士中の志操あって有能者である広沢安任《やすとう》の事は、後述する。

十四　西南戦争と恭平

明治十年、西南戦争が起った年に恭平がどの地に在って、どのような官に着いていたのか判然としないが、時事に関心のある彼は西南戦争についての感慨を詩に詠じており、その事が詩題によって判明するので、ここに紹介しておこう。その一は、「丁丑雑感」(『松斎遺稿』)である。丁丑は明治十年、西南戦争の起きた年である。

時事如碁着々新　時事　碁の如く　着々新たなり

可知当局苦心神　知るべし　局に当りて　心神を苦しむるを

挽回頽運豈無策　頽運を挽回するに　豈策無からんや
料理危機合有人　危機を料理するは　合《まさ》に人有るべし
同治永保英君臣　同治　永く保つ　英の君臣
党与遂醸仏騒乱　党与　遂に醸す　仏の騒乱
方今国是在征賊　方今の国是《こくぜ》は　賊を征するに在り
莫蹈前車覆轍塵　蹈む莫かれ　前車　覆轍の塵を

現今の出来ごとは碁のように、手を逐って新しく変る。
政府が戦局の変るにつれ心慮を苦しめている事が知られる。
衰勢を挽回するのに、どうして策が無かろうか、
危機を処理するには、当然しかるべき人物がいる筈である。
君と臣とが協力して治めれば、英国のように長く体制が保たれるし、
それぞれが徒党を組む事を争えば、仏国のように革命を醸成するだろう。
さし当っての国是は、反乱軍を征伐する事に在る。
仏国のような失敗した前例を踏襲してはならない。

意外な事には、ここに見られる恭平の同情は、まったく新政府側に在って、西郷軍には無いのであるが、それも、日本の帝政がフランスのように覆えされる事を恐れてである。換言すれば、治世の継続を願ってである。そのような意味

において、恭平は憂国慷慨の士であった。なお、第五句は、もと「同治英保永君臣」に作られているが、意が通じないので、改めた。

そのような憂国の念は、もう一首の「丑丁《ママ》雑感」（『松斎遺稿』）にも見出される。

月色虫声秋満庭　月色　虫声　秋は庭に満つ
露侵疎箔夜冷々　露は疎箔を侵して　夜冷々たり
関心西海悪消息　関心す　西海の悪消息
起剔青灯看地経　起きて青灯を剔《き》りて　地経を看る

月の光に虫の鳴き声、秋の気配は庭に満ちわたる。
夜露がすだれの隙間から入り、夜はしん〱と冷えてゆく。
気にかかるのは鹿児島地方の悪い出来事だ。
寝床から起きて薄明るい灯火の芯を切り、地図をながめる。

ここにも、深夜、西南戦争の成りゆきを憂慮して、眠れないでいる国士恭平の姿が見出されるのである。

十五　新潟判事時代

若松の刑法官を罷めての後、恭平は、「新潟・秋田・弘前等ノ裁判所及県庁等ニ奉職」（『松斎遺稿』小伝）した、と言う。あるいは、「新潟に遊び、転じて青森・函館諸県官に歴任し」（『幕末会津志士伝』）た、とも言う。「法官と為り、秋田県に在り、某歳、函館に至り、庁属と為る」（『函館游寓名士伝』）、とも言う。諸書には少しく異同があるが、新潟、秋田、青森、函館という順序で法官として転勤した、としておこう。

恭平が役人として新潟に在った時期、彼と詩社において親しく交った阪口五峰も、「中興の後、判事を以て新潟に在ること数年、意気慷慨、酒を嗜み詩書を善くす。狂草、殊に懐素の風あり」（『北越詩話』十「古山文静」）と言っているから、恭平の官吏生活は、若松、次は新潟における判事と展開していったのであろう。

『五峯遺稿』（大正十四年十月、七松山房発行）を繙くと、戊寅、明治十一年の箇所に「大庭松斎に贈る并引」と題する七律があり、その引に、

松斎、名は機、恭平と称す。会津の人。夙《つと》に気節を負ひて、足利尊氏の木主を三条磧《かはら》に梟し、獄に繋がること七《ママ》年。慶応の末、越後に游ぶ。浪士阪本平弥、無行、之を水原の酒楼に斫《き》る。今、新潟に官たり、公余、風月吟社を創り、時々松風亭に会し、詩酒もて自《みづか》ら娯む。

と言うから、明治十一年には新潟で判事を務めており、公務の傍ら、風月吟社という詩社を結び、詩友を松風亭に集め

て、詩酒徴逐していた事がわかる。次に述べるように、この詩社に客員として在った五峰の詩は、次のようなものである。

盤屈松根擁古邱　盤屈たる松根　古邱を擁す
此開吟社劇風流　此《ここ》に吟社を開きて　劇《はなは》だ風流
酒香泌沸墨吹雨　酒香　泌沸《ひつふつ》として　墨は雨を吹き
剣気崢嶸詩帯秋　剣気　崢嶸《そうこう》として　詩は秋を帯ぶ
是日新霜催白髪　是の日　新霜　白髪を催《うなが》し
当年鮮血濺紅楼　当年　鮮血　紅楼に濺《そそ》ぐ
輪囷剰見渾身胆　輪囷《りんきん》　剰《あま》し見る　渾身の胆を
憶殺南冠一楚囚　憶殺す　南冠の一楚囚

松の根がわだかまって、古い丘をめぐっている。
この地に松斎は、詩社を開いて、大層風雅なものである。
室内には酒の芳香がただよい、筆の勢いは雨を吹きなびかせる。
詩には剣士の鋭い気風が感ぜられ、秋の気分もただよう。
今日降りたばかりの霜は松斎の白髪が伸びたかと思わせ、
そのかみ平弥の首を斬って、鮮血が妓楼を紅く染めたものだ。
松斎の全身が、まがりくねって大きな松根のような胆であると十分に見て取れ、南国の冠を脱しようとはしない楚囚鍾儀の気概がどうしても連想される。

五峰の詩は、なかなか難しいものだが、松風亭の状景と詩社の雰囲気、および恭平の風貌や人となりを、よく一首の内に纏めている、と言えよう。

五峰はまた、『五峯詩話』十「古山文静」の項に、文静の人となりを伝えようとして、兼ねて風月吟社における恭平の様子を如実に伝えている。左の如くである。

往年会津の人大庭松斎、新潟に寓し、風月唫社《ぎんしゃ》を創し、数《しばし》ば同人を松風亭に会す。予時に年少、故里にあり。佐渡の丸山南陔《ママなんがい》成章と客員たり。毎会文静必ず座に在り。偉躯豊面、挙止凝重、一見、愚人の如し。衆皆な韻を闘《たたかは》し詩を賦し、或は紙を展《の》べ毫《ふで》を揮ふ。文静独り傍観するのみ。酒酣《たけなは》に興熟すれば、挙座談論湧くが如し。文静黙聴、一語を発せず。予其の何の幹《かん》ありて社に参ぜるかを疑ふ。而《しか》して松斎目して奇人と為す。一日松斎、南陔と詩を論ず。南陔曰く、詩、平の極に至れば却て奇なりと。松斎其の例を問ふ。予突如として曰く、人を以て之に擬すれば猶ほ文静のごときか。渠《かれ》は凡《ぼん》極まりて奇なる者なりと。挙座大に笑ふ。

奇人、よく奇人を識る。恭平は、文静の何の奇もてらわない静かな風貌の内に、常人の及ばぬ耐久力[11]や芯の強さが潜んでいることを看破していたのである。

丸岡南陔は、越佐を代表する詩人である。そればかりでなく、やはり戊辰戦争の折、佐渡奉行の鈴木某が難を避けて江戸に帰り、佐渡が無政府状態になると、官軍と徳川の浪士とが金山の利を争って、物情騒然としたが、南陔は井上幹・

岩間政醇に従って京都に馳せて太政官に陳情し、その結果、奥平謙輔が来って鎮め、島民が安堵した（丸岡成徳「先子南陔先生行述」『南陔遺稿』六）、という志士でもある。ついでに言えば、奥平謙輔は、明治九年十月、前原一誠と萩の乱を起した人であり、詩集に『弘毅斎遺稿』（大正十五年、萩事変五十年追悼会発行）がある。

恭平は、この南陔と親しく詩を論じあったのであるが、それが何時の事であったか、確かな事は不明である。しかし、明治十二年の事である可能性が大いにある。と言うのは、十二年の一月、南陔は佐渡から新潟に渡っているからである。「先子南陔先生行述」に拠れば、佐渡の役所は古より相川に在ったのであるが、明治十一年にこれを河原田に移そうという論が起った。相川などの郷民は、大いにその不利な事を主張し、会議の結果、南陔を総代として、官にその停止を請うことになった。南陔は慨嘆してこれを承諾し、翌十二年一月二十九日、波浪を突いて新潟に航し、県庁に至って、つぶさに役所移動の得失利害を述べたので、移動の議は止んだ、と言う。

その『南陔遺稿』三冊（明治三十五年五月、吉川半七発売）は、必ずしも成立年時に厳密に従って詩が配列されてはいない恨みがあるが、前述した明治十二年（己卯）一月の渡航の折に作った七絶「己卯一月念九渡海」（巻六第十八丁表）の前丁に、「新潟客中、三好義方と、大庭松斎を訪ふ。壁間に柏（木）如亭の七絶を掛く。因りて其の韻を用ひて同に賦す」（「新潟客中、与三好義方、訪大庭松斎、壁間掛柏如亭七絶、因用其韻同賦」）と題する七絶があり、これは十二年に新潟に滞在していた時の作である可能性が強い。前述した、松風亭における問対と間近な頃の作ではないか、と考えられる。その詩は次のようなものである。

世上毀誉多不真　世上の毀誉　多くは真ならず
文章何者敢驚神　文章　何者なれば　敢て神を驚かす

如今新潟繁華海　如今　新潟　繁華の海
詩酒論心有幾人　詩酒もて心を論ずる　幾人か有る

世間で言われている毀誉褒貶は、本当でない事が多い。
詩文とは、いかなる者なれば、こうも心を動かさせるのか。
ただ今、繁栄している新潟にあって、
詩や酒でもって本音を語りあえる人が何人いようか。君だけだ。

足利三代の木像の首を梟し、阪本平弥の首を斬った恭平も、明治の治世に在っては、ただの役人であり、一介の酒徒でもあり、それどころかトラブル・メーカーとして辟易されていたらしい事は、後述する。恭平が後年（明治二十三年）、北海道に帰る際、新潟の人渡辺美中（漁村と号す。『北越詩話』十）が「大庭松斎の詩韻に次して其の北帰を送る」と題して、「幽牛《ママ(12)》山下臥雲の身、坎坷当年幾たびか苦辛せる、気節稜々誰にか比するを得ん、比す他《ひか》の彦九一流の人に」と詠じ、恭平を高山彦九郎になぞらえた。これに対しては、

松斎は尊氏の木像を斬り、其の名、一時に噪《さわがし》きのみ。其の長ずる所は実に酒と書とに在り。惜いかな、末路零丁、竟《つひ》に無為にして死す。憫むべし。（片桐楠斎）
松斎の長ずる所は、酒に在るのみ。之を彦九に比するは、何ぞ溢美の甚しきや。刪除するを可と為す。（坂口五峰）
五峰、未だ松斎の人と為りを知らず。何等の暴言ぞ。（岡田耕山）

等の賛否両論があった（渡辺轍「越後で持囃された会津の奇傑大庭松斎」『高志路《こしぢ》』昭和十四年九月号）。前引した詩で恭平に理解を示していたように見える五峰にしても、恭平を単なる酒徒と目するほどであったのである。だから南陔も、恭平に対するそのような負の評価を聞いていたのであろう。ところが、実際に恭平と会って、酒を飲み詩文を論じあったところ、恭平の詩文の技倆と、民衆の生活を思う熱意とに驚いたのである。そして、今の人文の盛んな新潟でも語るに足る人は恭平くらいだ、と甚だ高く彼の詩文と人となりを評価したのである。

思うに、世のため人のためになる事を心がけ、換言すれば経世済民の志があり、しかもなかなかの行動派でもある南陔は、恭平の胸奥に世のため人のためになろうとする志がひそんでおり、そのためには命を張る、といった土性骨が備わっていることを、いみじくも感じ取ったのではなかろうか。そこで、単に酒徒であり書家であるという世上の評価だけでは恭平の人物を掩えない、と知って、右のような詩を詠じた、と思うのである。

注

（1）文政十年十月に作った「拝二織田右府塑像一引」（『山陽遺稿』二）に、「金閣寺　等持院、曽て知る奕世将軍の面、豈一個の敵戦に堪ふる有らんや」と、等持院の足利将軍像への言及がある。

（2）その部分の訓み下しは次の通り。
将軍の京師に入るや、四方の浮浪、争って輦下に会す。皆曰く、彼（将軍）をして畏怖する所有らしめ、而して後に為すこと有るべしと。夜、等持院に入りて、足利高《ママ》氏の木像の首を取る。

（3）その原文は次の通りである。
松齋被二縛送一レ獄、卒爾告二先在レ囚者一曰、吾始詣二於此一、獄規都不レ記、卿等自レ今快教レ之、擧坐一見、歎二服其簡傲一、

（4）その原文は次の通りである。
戊辰維新、釋放歸レ國。時藩公得レ罪、謂二松齋一曰、一藩爲二朝廷罪人一、汝独免、亦何幸哉、

（5） その原文は次の通りである。
松齋抵二越後一、彰義隊校坂本平彌、横行無二忌憚一、讐二怖豪富一、出二兵柏崎一、不レ戰而退、投二三条娼樓一、縦二酒色一、松齋聞レ之大怒、腰二一刀一、往至二其樓一、投レ刺見二平彌一、々々與二左右壯士一飲レ酒、松齋曰、有レ所レ問、請退二侍士一、平彌曰、願聞二其說一、松齋進責二其罪一、平彌語塞、平伏、直拔レ刀斷二其首一、流血淋漓、釃二上下一、諭二傍人一曰、吾與レ汝無レ讎、漸收レ刀、衆魂褫氣沮、無二一人格鬪者一、其剛果類如レ此、

（6） この事に関しては、九月七日、会津郡小田付村《おだつき》において、大鳥圭介都督が古谷《（屋）》作《（佐久）》左衛門に、「是から猪苗代に出て二本松を恢復し、仙台兵の援助の道を開く方が得策である」が、会津城内に籠っている部下も見棄て難い、と相談したところ、古谷が、思いきって福島に出、仙台・庄内の兵と合併して二本松を抜けば、おのずと会津の囲も解けよう、という策を出した、という大鳥側の記録もある。（山崎有信著『大島圭介伝』〈大正四年二月、北文館発行〉二一七頁）。

（7） 大鳥・古谷が会津の隊長上田へ右の福島へ出る策を話したところ、上田は「何分眼前若松城の運命が旦夕に迫って居るから、中々之に賛成しない」。で、大鳥・古谷は翌九月九日に福島へ向けて出発した、と言う（『大鳥圭介伝』二一七頁）。

（8） 『大鳥圭介伝』二三〇頁では、九月十二日、大鳥都督が小笠原壱岐守・竹中春山に二本松侵撃を献策し、二人からその不利な事を説諭された、と記す。

（9） 大鳥都督と古谷など諸隊長は、九月十三日、桑折《こおり》において、仙台にいる榎本釜次郎（武揚）のもとに行って相談しよう、と決定し、十五日、大鳥が仙台城下国分町の旅館で榎本に面会した、と言う（『大鳥圭介伝』二三二頁）。

（10） 洋式軍隊額兵隊を率いる星恂太郎《じゅんたろう》が仙台藩の恭順を聞いて、大いに憤り、藩相数人を誅戮しようとしたが、榎本武揚・土方歳三らの周旋で、これを止め、九月十五日、八百余人の額兵隊を率いて西軍を撃つべく岩沼に到ったが、藩主伊達慶邦《よしくに》の慰諭を受けて、進撃をやめた事が、『会津戊辰戦史』三六五頁に述べられている。

（11） 阪口五峰は、古山文静が幼時、叔父に家産を横奪されたが、半生を隠忍して、叔父が死ぬのを待って、始めて官に訴え、これを取り戻した事を記している。

（12） 起句の「幽牛」は、「臥牛」の誤りではないか、と思う。臥牛山は函館山の異名であるから、美中の詩は、恭平が函館に帰る際の詩であろう、と考えられる。なお、恭平が退官後の明治二十三年、新潟に遊んだ事は、本稿（下）に述べる。

大庭松斎——始めて知る人世乗除有るを——（下）

十五ノ二

前節では、松斎大庭恭平が新潟で判事を勤めた時期の事を述べた。そして、公務の傍ら、風月吟社という詩社を結んだ事も述べた。この風月吟社については、その後購入した円山溟北の『溟北文稿』（明治二十二年八月二十五日、学古塾刊）巻二「風月社引」があり、社の様子が具体的に知られる記載が含まれている事を知った。そこで、これを訓読の形で紹介し、風月吟社についての記述を補う。溟北は、名は葆《しげる》、字は子光、通称は三蔵・三平。文政元年（一八一八）に佐渡の小池氏に生まれ、円山学古に学び、その養子となる。相川町の学館修教館で修学した後、江戸で佐藤一斎、ついで亀田綾瀬に入門、塾頭を勤めた。天保十一年（一八四〇）、帰国して家塾を開き、のち修教館教授となる。維新後は度津神社宮司となり、また中教正となって教育に尽力した。

「風月社の引」は、次の如き文章である。

風月モ亦タ其ノ所ヲ得タルノミト。新斥ハ北海ノ一大馬頭《みなと》タリ。前ニ大江ヲ擁シ、一望渺トシテ、謂ハユル馬牛ヲ辯ゼザル者ナリ。相伝フ水ノ此ニ灌注スル者、八千余流ト。蓋シ誣ヒザルナリ。何レノ処カ風無カラン。何レノ地カ月無カラン。地ハ新斥《にいがた》ノ如ク、人ハ大場松斎ノ如クシテ、然ル後ニ謂フベシ風月モ亦タ其ノ所ヲ得タルノミト。

松斎ハ会津ノ人、学有リ識有リ、嘗テ節ヲ幕末ニ著ハス者ナリ。聞ク今ハ羈宦シテ新斥ニ在リト。頃ロ風月ヲ以テ社ヲ開キ、毎月第三日曜日ヲ以テ相会ス。会スル者ハ詩ヲ以テシ、或イハ書或イハ画、各ノ三十銭ヲ齎シテ以テ一会ノ費ニ充《あ》ツ。茶ノ斯クモ芳シキモノ有り、酒ノ斯クモ冽ナルモノ有り、詩腸潤ホスベク、辞鋒淬《にら》グベシ。顧《おも》フニ其ノ簾ヲ捲キ欄ニ倚リ、朗吟高談、襟ヲ楚台ニ披キ、目ヲ袁渚ニ極ム。其ノ興何如ト為スヤ。嗚呼、風月果シテ其ノ所ヲ得タリ矣。予、其ノ人ニ非ズト雖モ、亦タ将ニ三十銭ヲ懐キテ、一葦杭以テ之ニ赴カントス。彼ノ万縉ヲ腰ニシ鶴背ニ駕スル者ノ如キ、何ゾ道《い》フニ足ランヤ。呵々。

恭平が風月社を開いた時の案内に当る文である。会期は毎月第三日曜日、会費は一人三十銭、溟北のように佐渡に住む者も、その日は海を渡って参加する、という会であった事がこれで判明するのである。

十六　奇行官吏

第十五節ノ一の最後に述べたように、恭平には単なる酒徒という悪評が与えられる事があったのであるが、それでは、どうして恭平にはそのような評判ばかりが付いてまわるようになったのであろうか。恭平と二十余年、親睦をかさねたという五十嵐治太郎は、後年、新潟・秋田・弘前等ノ裁判所、及県庁等ニ奉職セシガ、至ル処、何レモ長官等ト意見ノ衝突スルノミナラズ、時ニ酔興ニ乗ジテハ県知事ニ鉄拳ヲ振舞ヒ、或ハ又、上官ヲ拘引幽閉スル等ノ奇行怪為アリタルヲ以テ、毎ニ同所ニ長ク留任スル能ハズ。是《これ》翁ガ大ニ羽翼ヲ伸バスノ機会ヲ失シ、一生ヲ轗軻不遇ニ終ハリタル所以ナランカ。翁ガ各所ニ於ケル奇行怪為ハ甚ダ多ク、今悉ク拾集記述ノ労ヲ採ランカ。優ニ奇行伝ノ一大冊子ヲナスベキナリ。(『松斎遺稿』小伝)

と言う。酒癖が悪いのである。意見が合わない上役に対して、酔余、暴力を振うのである。これがもっぱら酒徒——まだしも上品な形容語である——と称されるようになった原因である。

どうして、上役に暴力を振うのであろうか。それを推測するのは、恭平の深層心理にまで踏み込む事になって、難しいのであるが、一通りの推測を示しておこう。第一には、恭平には民衆を救おうという熱意が過剰なまでにあるからである。その事が窺われる「始めて岩村大判官に謁し、賦して呈す」(「始謁岩村大判官、賦呈」『松斎遺稿』)を読んでみよう。

一望清貌寸心傾　一たび清貌を望みて　寸心傾く
欲使斯民無訟争　斯《こ》の民をして　訟争無からしめんと欲す
談到真時声自大　談じて真に到る時　声自《おのづ》から大なり
莫将粗傲視平生　粗傲を将《も》って　平生を視る莫かれ

始めて御尊顔を拝して、衷心を尽して述べました。
民衆に訴訟を起させたくないだけなのです。
案件を論じて真実が係る点になると、声が自然と大きくなりますが、
平生も荒っぽい奴なのだとは思わないで下さい。

岩村大判官は、明治十九年一月、最初の北海道庁長官に任ぜられた岩村通俊《みちとし》の事であろう。彼は、明治十七年五月には司法太輔に任ぜられていた（岩村通俊著『貫堂存稿』〈大正四年、岩村八作発行〉下・付載「先考年譜畧」）。後述するように、恭平もこの時、道庁の属官となったが、『貫堂存稿』下を読むと、明治十九年二月二十五日、通俊が札幌に赴任して、豊平館に宿泊すると、たまたま人がやって来て、南摩羽峰の「環碧楼唱和雑詩五首」を示した、とあるが、この人が恭平である可能性がある。というのは、これも後述する如く、恭平は前年に南摩綱紀に会っているからである。そうとすると、右の恭平の詩は、この時の作である可能性が大きい。これまで度々、上司と衝突した恭平は、通俊にあらかじめ意を通じておきたかったので、この詩を呈したのであろう。

そして問題は、その承句である。それが「必や訟無からしめんか」（「必也使無訟乎」『論語』顔淵）を踏まえているにしても、判事恭平がこうした理想を過剰なまでに抱いていた事は、確かな事であろう。彼はこの理想を遮二無二実現させようとして、現実的であり、従って敢為でない上役と議論になるのであろう。議論をすれば、どうしても声が大きくなり、酒でも入れば、ます〳〵激昂する。その結果、平生の冷静さを失って、上役に鉄拳をお見舞する場合も生じてくる。通俊も嘗て土佐藩で岡田以蔵に剣を学び、戊辰戦争に従軍した傑物であるが、恭平はそうした彼と悶着を生じたくなく、かような詩を呈したものであろうか。

第二には、恭平は生来、血の気が多く、修羅場を再三踏んでいて、武闘に慣れており、修羅場を踏んでいない上役など軽視している所があるのであろうが、平生は抑制されている、その武闘癖がアルコールのせいで解放され、上司であろうと構わずに発揮されるのであろう。また、明治時代は、もと官軍側の人間が官職の上位を占め、もと幕府側の人間は不遇な時代であったから、会津藩出身の恭平は、官軍側であった上司に威張られるのが面白くなく、普段は抑圧されている反抗気分が、酔うと頭を抬げてくるのであろう。恭平が熱血漢であることは、早く『京都守護職始末』文久二年に、「大庭機、年壮意気を好み」と言われていたくらいで、そうした心性が晩年まで維持されていた事は、注1所引「意に歉《あきた》らざる者有れば、貴卿巨紳と雖も、詆訶排撃す」という文に拠って明らかである。また、彼が修羅場に慣れている事は、述べて来た通りである。この血の気と武闘癖とは、明治の治まれる御代に在っては抑えられざるを得ないのであるが、アルコールが入ると、それが蠢《うごめ》き出すのである。

治まれる御代に在って血の気と武闘癖が抑圧されていた事は、次の「偶成」(『松斎遺稿』)に窺うことができよう。

疎懶豈堪同吏群　疎懶　豈《あに》吏群を同じうするに堪へんや
朝披簿領到斜曛　朝《あした》に簿領を披《き》て　斜曛《しゃくん》に到る
近来不読英雄伝　近来　読まず　英雄伝を
自覚壮心幾分減　自《みづか》ら覚ゆ　壮心　幾分か減ずるを

なまけ者の俺がどうして役人たちと群れていられようか。
朝から夕暮れまで法服を付けているなんて。

この頃は英雄の伝記を読まないものだから、
自分でも覇気が幾分か衰えたと思う。

この詩には、広沢安任であろう、「吾兄の本領」という評が付されているが、このように治まれる御代のせいで鬱勃たる壮心が抑圧されている事を悲しんで、それを維持しようとしている所があって、維持されている物が時として、酒によって発散されるところ、上司への暴力事件が生まれるのである。

第三に、これが最も大きな原因になったかも知れぬが、明治期の刑法は、明治十三年に大きく変化した。すなわち、新律綱領・改定律令は廃され、七月十七日からフランス法の影響を受けた、いわゆる旧刑法が公布された。東洋法から西欧法への転換と言ってもよい。前述したように、もし恭平が中国古典法の知識の所有者であったとすれば、このような転換は、面白くなかったであろう。西欧法の知識を持つ者が次第に法曹界で幅をきかしてゆく趨勢に在って、恭平は時勢にとり残される感じがして、憤懣を抱いていたかも知れない。次の「偶成」(『松斎遺稿』遺拾)は、「病余」と言うから、後述するように六十三歳以後の退隠時に作ったものかも知れないが、目まぐるしく変転する時勢に対して不平を抱いている事は見て取れる。

時事看来慨有余　時事　看来れば　慨《なげ》くに余り有り
朝令暮改日馳虚　朝令　暮改　日びに虚を馳す
病余復無関家事　病余　復た家事に関わる無し
尚要古人読古書　尚ほ古人を要《もと》めて　古書を読む

時事を眺めていると、嘆いても嘆きたりぬ。
くる〳〵と法令が変って、日を逐って廃案になる。
病後の事だし、もう生計には関心がない。
なおも古人の跡を求めて古い典籍を読むことにしよう。

承句は、まさに明治前期の刑法の目まぐるしい改変を指摘したもの、と言ってもよいほどで、恭平にとって、かような慌しい時勢が決して愉快なものではなかったことが窺えるのである。とすれば、朝令暮改という語にまとめることのできる明治の世相そのものが、恭平の奇行の背後にひそむ要因であった、と言うことも許されるかも知れぬ。

十七　転任々々、また転任

こうして一箇所に長くは勤務できない恭平は、新潟を皮切りとして、秋田、青森と転任してゆくのであるが、それぞれ何時の事であるのかは、ともに判明していない。ただし、転任する折の詩だけは、『松斎遺稿』に載せられている。まず、「任に秋田に赴く」(「赴任于秋田」)を挙げよう。

迂老近来苦無事　迂老は　近来　苦《はなは》だ事無し
盤根錯節不須辞　盤根　錯節も　辞するを須《もち》ひず
秋田亦是朝歌地　秋田も　亦た是れ　朝歌の地

利器能分在此時　利器　能く分つは　此の時に在り

この老いぼれは、近ごろ　ひどく暇だから、
入り組んだ紛争でも辞退はしない。
秋田もやはり朝夕、弦歌にふける土地柄で、
今こそ難事件を裁いて能力を明らかにしよう。

「槃（盤）根錯節に遇はずんば、何を以てか利器を分たんや」（『後漢書』虞詡《ぐく》伝）という言葉があり、それを踏まえて、恭平は、新潟と同様に繁華の地である秋田において、厄介な紛争を解決する事によって、自分の手腕を発揮しよう、と意気込んでいる。前任地で干されていたかも知れない恭平は、老いてはきたが、まだ新任の地で為すあらん、という意気込みは見せているのである。

これに対して、青森に転任した際の「任に弘前に赴く」（「赴任于弘前」）は、いささか疲弊してきた感がある。

簿書埋首代耕田　簿書に　首《かうべ》を埋め　田を耕すことに代ふ
何料一朝移北辺　何ぞ料《はか》らん　一朝　北辺に移らんとは
自笑官微任亦少　自《みづか》ら笑ふ　官微にして　任も亦た少きを
半肩行李入弘前　半肩の行李　弘前に入る

隠遁して農耕する代りに、役所の書類に埋もれてきた。
思いがけなく、ある日突然、北のはてに移動だ。
官位も低く任務も軽いのを自嘲しながら、
僅かな荷物を携えて、弘前に入る。

前詩とは異なり、新任の地への意気込みを表わす言葉が見られない。それどころか、起句には、早く隠遁したいのだ、という思いが見え隠れしている。いささか疲弊してきた、と言う所以である。そして、その事は、弘前赴任がやはり秋田赴任の後の事であろう、という推測を保証するものであろう。

恭平は、もう隠遁したいのだ、と言った。また、修羅場に慣れているので、修羅場を経験してない人間を軽蔑していて、武闘癖があるのだ、とも述べた。それは換言すれば、上司と喧嘩して転任させられるのも恐くない、という、居直りとも自棄ともつかないような心境になっている、ということである。そうした心境を表わした詩が、「某県令の韻に次し、賦して贈る」（「次某県令韻、賦贈」『松斎遺稿』）である。

曽抗王師拠白関　曽て王師に抗して　白関に拠る
豈辞人喚作殴頑　豈辞せんや　人呼んで殴頑と作《な》すことを
十年不調君休怪　十年の不調　君怪しむこと休《な》かれ
身在官途心故山　身は官途に在るも　心は故山

昔は官軍と戦って、味方のいない要塞にも立て籠ったほどだ。
どうして人が大馬鹿者だと呼ぶのを気にしようか。
十年間も鳴かず飛ばずなのを、あなたはいぶからないでくれ。
身は官職についていても、心は故郷に奪われているのだから。

右は何時の作とも判明しないが、某県令が恭平の不調を説諭した時の作であろう。起承二句には、曽て命を賭けて修羅場をくぐったのだから、こんな平和な世にのさばっている俗吏の言う事など聞けるか、といった響きが感じられる。そして転結句には、隠遁への願望が明言されているのである。

こうして上司とたび〱衝突しているうちに、恭平はついに青森において牢獄に入れられるような事件を起したらしい。「青森獄中の作」が『松斎遺稿』に収められている事が、それを語っている。

曽逢厳譴極辛酸　曽て厳譴に逢ひ　辛酸を極む
此味従来能自諳　此の味　従来　能く自《みづか》ら諳《そら》んず
幾度殉国猶未死　幾度か　国に殉《したが》ふも　猶ほ未だ死せず
覥然在世又何甘　覥《てん》然として世に在り　又た何をか甘しとせん
酔狂下獄陳同甫　酔狂　獄に下る　陳同甫
直諫坐辜胡膽《ママ》庵　直諫　辜《つみ》に坐す　胡澹庵《こたんあん》

堪笑一身兼二事　笑ふに堪へたり　一身に　二事を兼ぬるを
朝々待命在牢龕　朝々　命を待ちて　牢龕《がん》に在り

昔も厳しいお咎めを受けて、辛酸をきわめた。
牢獄の辛さは、もともとよく知っておる。
何回か国に命をささげたが、まだ死なぬ。
あつかましくも生き長らえていて、もう何もほしい物はない。
酒乱であり、牢に入れられるのは陳同甫に等しく、
上司を諫めて罪せられるのは胡澹庵と同様だ。
おかしな事には一人で二人のやった事を兼ねて、
毎日、牢屋で赦免されるのを待っている。

陳同甫は、名は亮、竜川と号す。南宋の人。好んで兵を談じ、金に圧迫されている中原を回復する策を直言して諱まないために、権力者に迫害され、誣告されて牢獄に入れられた。その『竜川集』は、我が国でも幕末に喜ばれた。胡澹庵は、名は銓、澹庵は号、南宋の人。やはり金に抗して中原の回復を唱える硬骨漢で、和議をはばんだので罪を得た。恭平が踏まえた故事は、そのように倶に硬骨直諫の人物の故事であり、彼が自分をそのような人物の類型として認識している事が窺えるのである。彼の行動は、俗世間から見れば、とんでもない酒乱であるが、彼自身の内面では、世のため人のため直諫を諱まないが故の失敗、というほどの認識であったのである。

しかし、恭平がいかに自分を抗金救国の硬骨漢に擬そうとも、世間や官界が彼のそんな内面を理解する筈がなく、前述した如く単なる酒徒と目するようになり、不遇なままに止めざるを得なかったのである。

十八　南摩綱紀・鱸松塘との交わり

官吏としては不調、不遇であった恭平だが、その不如意な役人生活の憂さを晴らすものが、酒であり、同時に詩作でもあって、還暦を迎える前頃から詩集を刊行する事を計画したらしい。即ち、明治十八年に、もと会津藩士であり、漢学界の大御所である南摩綱紀《つなのり》（六十三歳）に東京で会って、詩文の批評を請うている事が、その一環であろう。その事を南摩綱紀は、『松斎遺稿』の巻頭に掲げられた文で、次のように言う。

余、松斎兄に逢はざること十余年、雲樹の思、夢寐に切なり、今茲《ことし》、重ねて東京に晤す。長鬚鬖々《さんさん》然として半ばは白を雑《まじ》う。然れども亦た善く飲み善く談じ、豪放の気、加はること有るも減ること無し。是の巻及び旧文を出し示す。篇々慷慨、句々激烈、真に其の人の如し。今世に多くは得易からず。余は則ち齢《ママ》（歯か）益す豁《か》け、頭益す禿、気力衰耗し、頽然として老境に入り、文思亦た日に退く。読み畢《をは》りて茫然として自失す矣。（原漢文）
明治十八年八月一日　友人南摩綱紀拝識

この文は、当時の恭平の風貌と人となりを伝えると同時に、彼の詩文の性格の一面—慷慨激烈—を指摘している。そして、恭平のこうした依嘱の結果、『松斎遺稿』の詩の多くには綱紀の批評が施されているのである。ただし綱紀の

『環碧楼遺稿』(明治四十五年、南摩綱夫発行)には、恭平との交友を示す詩文は見えないようである。

次に、詩人としての活動には、明治十九年秋には、既に函館に移っていて、谷地楼において詩人鱸《すずき》松塘を送別する宴に臨み、「鱸松塘先輩の韻に次す」(『松斎遺稿』遺拾)を作っている事が挙げられる。詩は次のようなものである。

無由慰索群　群を索《はな》るるを慰むるに由《よし》無し
詩酒酔醺々　詩酒　酔ひて醺々《くんくん》たり
交誼澹如水　交誼　澹《あは》きこと水の如し
去留軽似雲　去留　軽きこと雲に似たり
月光照離宴　月光　離宴を照し
虫韻豈堪聞　虫韻　豈聞くに堪えんや
此夕君休去　此の夕　君去ることを休《や》めよ
坐湯洗世紛　湯に坐して　世紛を洗はん

我々と別れる先輩の悲しみを慰める術がない。
詩を作り、酒を飲んで、程よく酔うばかりです。
先輩との交わりは、水のように淡く、
先輩の去留は、雲のように身軽だ。

月光がこの送別の宴を照らし、
虫の音は聞くに耐えないほど物哀しい。
先輩、今宵は立ち去る事なく、
湯に入って、俗世の塵を洗い流して下さい。

この詩が、なぜ明治十九年の作と言えるか、というと、鱸松塘は北海道に明治八年（五十三歳）、同十九年（六十四歳）秋と二度遊んでいる（『安房先賢偉人伝』「鱸松塘」）が、『房山楼集』遺集（『安房先賢遺著全集』）に収められている十九年の作、「函湾の諸子、余を谷地酒楼に觴す、席上に賦して謝す」（「函湾諸子觴余谷地酒楼、席上賦謝」）と韻を同じくしているからである。松塘の作は次のようなものである。

諸君為我慰離群　諸君　我が為に　離群を慰む
此処招邀勧一醺　此の処に　招邀《よう》し　一醺を勧む
紫海繞楼全洗暑　紫海　楼を繞り　全く暑を洗ひ
青山抜地自生雲　青山　地を抜きて　自ら雲を生ず
列霄星彩涵池見　霄を列ねて　星彩　池を涵《ひた》して見え
入夜涛声打岸聞　夜に入りて　涛声　岸を打ちて聞ゆ
無復座中糸肉閙　復た座中に糸肉の閙《さはが》しき無く
満庭虫韻露華紛　満庭の虫韻　露華紛たり

すなわち、恭平の先の詩は、松塘の右の詩に次韻したものである事がわかり、恭平が明治十九年秋、函館の谷地楼において松塘を送った函湾の諸子の一人であった事が知られるのである。

十九　函館流寓

このようにして明治十九年秋には函館に居たが、翌二十年元旦も、まだ官に在って函館で迎えたのである。「丁亥元旦」（『松斎遺稿』遺拾）が、その事を語る。

微官安分不憂貧　微官　分に安んじて　貧を憂へず
門挿松筠賀履新　門には松筠を挿みて　履新を賀す
年過五十未知命　年は五十を過ぐるも　未だ命を知らず
臥牛山下又迎春　臥牛　山下に　又た春を迎ふ

低い官職を分として甘んじ、貧しいことをも憂えない。
門には松と竹を飾って、元旦を祝う。
年は五十を越えたが、まだ天命を知ることなく、
臥牛山（函館山）の麓で、またもや新春を迎える。

この明治二十年には、恭平は、前に少しく名が見えた広沢安任に会うために、青森県上北《かみきた》郡三本木《さんぼんぎ》の、安任が経営する牧場に行っている。広沢安任の伝は、『幕末会津志士伝』に詳しい物があるが、彼は、文久三年、京都で松平容保の下に在って公用人を勤めていたから、勿論、恭平とその当時から熟知の間柄であった筈である。佐治梅坡が恭平と安任の会見を想像して述べていたのも、そのような間柄を知っていたればこそである。その安任は、維新後は三本木において、牧畜業を興し、明治九年七月十二日には明治天皇に、それ以前には大久保利通にも謁した成功者になったが、この安任を、明治二十年、恭平が来り訪い、「某貴顕より旨を含み来るものの如く、安任に仕官を薦むること切なり」であったと言う。安任は、これを辞謝したのだが、恭平は「安任と旧交深きものなれば、数日滞留し、別に臨んで左の詩を止」めた、と言う。それは次のようなものである。

微官抛如芥　微官　抛《なげう》つこと芥《あくた》の如し
高臥耕山阿　高臥し　山阿に耕す
徳望高泰斗　徳望　高きこと泰斗のごとく
事業大山河　事業　大なること山河のごとし
野服謁天子　野服もて　天子に謁し
感恩賦長歌　恩に感じて　長歌を賦す
帰来自称牛馬王　帰来　自《みづか》ら称す　牛馬の王と
咄々軒冕奈君何　咄々《とつとつ》　軒冕《けんべん》　君を奈何《いかん》せん

貴殿は、低い官位など塵のように投げ棄て、
隠遁して山のくまで農耕されておる。
徳望は泰山・北斗のように高く、
事業は山と河のように大きい。
作業着のまま天皇にお目にかかり、
御下賜金に感謝して、長詩をたてまつった。
役人をやめてからは自分から牛馬の王だと称しており、
ああ、高官も君を動かす事はできないのだ。

安任が明治天皇に奉呈したという長詩は、『志士伝』九十八頁に掲げられる五古であるが、ここには引かない。別に『松斎遺稿』には、「広沢牧老人に贈る」二首が収められているが、これもその時の作品であろう。その第一首を引いておこう。

朝作忠臣暮逆臣　朝《あした》には忠臣と作《な》り　暮には逆臣
一誠隆盛彼何人　一誠《いっせい》　隆盛《たかもり》　彼何人《なんぴと》ぞ
誰知東海牧牛意　誰か知る　東海　牛を牧《やしな》ふ意
即是西山避世民　即ち是れ　西山に　世を避くるの民

朝には忠臣であった者が暮には逆臣となっている御時世、
前原一誠や西郷隆盛も、人間あつかいされない。
いったい誰が理解できようか、東の海べで牛を飼っている貴君の心境を。
これこそ首陽山に世を避けた伯夷・叔斉の心境に通ずるものだ。

前原一誠も西郷隆盛も、維新の功臣が一転して逆臣となった例であり、そうした急激な運命の変転は、恭平にとっても人ごとではなかった。だからこそ彼は、官界を避けて牛馬の王となっている安任に、静謐な隠者の境涯を見出し、それを人生の至福としているのである。なお、『松斎遺稿』には、南摩綱紀の批評と並んで広沢安任のそれも施されているから、この時に恭平は安任に批評を請うたのではないか、と思われる。

二〇　函館隠棲

話が少し前後するが、函館においては、恭平は「庁属」となった、と井口一眠は言っている。庁属とは、明治十九年一月二十六日に設置された北海道庁の属官となった、という意であろう。とすれば、明治十九年の初頭には彼は既に函館に移っていたのであろう。その年の二月二十五日、札幌の豊平館で恭平が初代道庁長官岩村通俊に会ったのではないか、という事は、既に第十六節で述べた。
この函館赴任の時の作と考えられる「函館雑感」(『松斎遺稿』)は、次のようなものである。

十年不上臥牛山　十年　上らず　臥牛山に
白髪重来涙泫然　白髪　重ねて来れば　涙泫然たり
欲弔英霊何地是　英霊を弔《とむら》はんと欲す　何れの地か是なる
招魂社外草芊々　招魂　社外　草芊々《せんせん》たり

この十年間、臥牛山に登らなかった。
白髪になってから再び来てみると、涙がはらはらと流れる。
五稜郭で亡くなった英雄たちの魂を弔いたいが、どこに眠っているのであろうか。
彼らを祭った招魂社のあたりは雑草がぼうぼうと茂っている。

臥牛山は函館山の異名。恭平にとって、函館に来て何より大事な事は、自分と同様に戊辰戦争で佐幕として戦い、敗れた者たちの英霊を弔う事であったのであろう。彼が明治元年、仙台において榎本武揚に付いて五稜郭に行った者たちに会っていた事は前述した。だからこの度は、赴任についての感慨などは一切無く、過去の戦争に思いを馳せるばかりであった。

六十歳（明治二十二・三年）の頃、恭平は官を退いたのであろうが、その時の感慨が「将《まさ》に官を辞せんとして作有り」（「将辞官有作」『松斎遺稿』）に詠ぜられている。

雖将心事付虚舟　心事を将《も》って虚舟に付すと雖も

官海波高不可留　官海　波高くして　留まるべからず
迂拙久妨賢者路　迂拙　久しく妨《さまた》ぐ　賢者の路を
従今帰臥故山秋　今より　帰臥せん　故山の秋に

何の邪念をも持たない心構えでやって来たが、
役人の世界は風波が多く、これ以上留まれない。
無能な私が長いこと賢明な者に代ってポストを占めてきたが、
これからは、故郷の秋景色の中で隠棲しよう。

恭平にとって故山と言えば会津であるが、会津には帰るべき家も無くなっていたのであろうか、結局は函館にそのまま居ついて、船魂社（後述）のそばに借宅して住んでいたらしい。五十嵐治太郎は、「翁、後年、函館ノ樹林深ク茂レル高台ニ居ヲトし、嘯風翫月、詩酒徴逐、静ニ晩年ヲ送ラレタリシガ」（「小伝」）と言う。隠退した直後の心境や生活ぶりが窺われる詩に、「官を罷めて作有り」（「罷官有作」『松斎遺稿』）二首がある。

東奔西走二十秋　東奔　西走　二十秋
罷官税駕北蝦州　官を罷めて　駕を税《と》く　北蝦州
青山不用一銭買　青山　用ひず　一銭もて買ふことを
高臥臥牛山下楼　高臥す　臥牛　山下の楼

二十年間、東西を駈けめぐってきた。
今、役人をやめて北海道で心身を休めることとなった。
支遁のように安い金を出して隠棲のための山を買う必要はない。
臥牛山の麓の二階家にのんびりとしておられるのだから。

恭平が若松県の刑法官となったのが明治三年の頃であるから、二十三年に退官したとすれば、ほぼ二十年で、この「二十秋」という語は偽りではない。支遁が深公から岇山《きょう》を買った故事は、『世説新語』排調に見えて有名なものだが、「樹林深ク茂レル高台」に隠棲したので、かく言うのである。転結句も実情を言っているのである。

第二首は、次のようなものである。

優游筆硯臥山房　筆硯に優游して　山房に臥す
一日真如両日長　一日　真に両日の如く長し
我亦朝々有公事　我も亦た　朝々　公事有り
起来先赴坐湯場　起き来りて　先づ赴く　坐湯場

山麓の家でゆったりと筆硯に親しみ、のんびりしていると、まったく一日が二日のように長く感じられる。
こんな私にもやはり毎朝勤めがあるのだ。

それは起きてから直ぐに銭湯に出かける事だ。

これに拠れば、恭平は、毎日、朝風呂に通うのが楽しみだったらしいのだが、そうした私事を言うのに「公事」という語を用いたのが味噌である。「公」は平声であるから、「亦《えき》」（仄声）という第二字と平仄を異にし、二六対の約束に違うのであるが、恭平は、それを百も承知で、敢て「公」字を用いる事に拠って、退官後の今も勤務がある、とお道化たのである。

こうした退休生活の様を最も詳しく伝えているものは、井口一眠の『函館游寓名士伝』である。よって、その漢文を訳してみる。

後に法官となって、秋田県にいた。ある年、函館に至って、道庁の属官となり、やがて免官されて、船魂社の傍らに借宅し、詩文を作っていた。家には僅かな貯えも無いのに、古書陳篇を見ると、衣服や器物を質入れして購入した。文雅の客人が来たると、酒を酌んで歓待談論し、意にかなう事になると、意気盛んに慷慨し、口角泡を飛ばして論ずる。意に満たないことがあると、貴人や高官であっても、そしり非難して、少しも容赦しない。人の難儀には急いで赴き、努めてはからってやり、強きをくじき弱きを助け、怨み嫌われるのもかまわない。最も書法にすぐれ、字体は痩勁で、俗気が無く、懐素や蘇洵から出て、別に一家のスタイルを立て、当代の書家の及ばないものがある。ただし、書家をもって自任しないので、その楷書や行書の美事さがなかなか見られない。(1)

右の記述の内で、「人の難儀に」以下、「かまわない」までの部分の原文を訓読すると、「人の難に急ぎ、力めて之が図を為し、強きを抑え弱きを扶け、怨嫌さるるを避けず」となるが、この文は、恭平の一生を貫く行動パターンをよく指摘し得ているもの、と思う。これをわかり易く言い換えるならば、体を張って人助けをする、という事になろうが、足利木像梟首事件の場合には、他の会津藩士が敬遠する中を、彼だけが独り浪士と交わり、浪士の暴挙に加って、その結果を主君松平容保に報告したのだから、彼からすれば、体を張って主君を助けたのだ、という事になる。坂本平弥を斬った場合にしても、目付として、裏切り者であり、横暴な者を斬ったのだから、体を張って軍を粛清した、という事になる。そのように恭平の行動パターンを分析してみれば、一眠の右の評言は、正鵠を射ているもの、と言えるのである。前述した丸岡南陔は儒者であるから、行動はもっと抑制されているが、やはり体を張って人助けをするという行動パターンを有しており、そのように共通する所がある人物なので、恭平を理解できたのではなかろうか、と考える。

一眠は更に言う。

自分は松斎と文酒の交わりをなし、一日中、酒を酌み交わす事もあったが、終に奇矯な行動を見なかった。ただ、俗物と大酒して、一語でも意に合わないと、目を怒らして罵り嘲り、袂をはらって去る。これが奇矯とされる原因であろうか。けれども、その奇矯には及びがたい所がある。ある時、言ったことがある。

「自分は事を処するに死を覚悟し、恐れるものは無かった。ただ、獄中に在った時、ある夕、番人が酒淆を供し沐浴させた。そこで心に死ぬ時が来たと思い、胸元が具合悪くなった。翌日、命令が下って放免された。ああ、生死の分れ目が人を動揺させる事は、かくの如くだ」

これは、松斎みずから事実を告白したものだ。死には泰山より重いものもあれば、鴻毛より軽いものもある。古人が生死の分れ目に際して、談笑して顔色も変えないというのは、それは元より常人ができる事ではない。(2)

右の恭平の言葉は、足利木像梟首事件で入牢していた折の経験を語ったものであろう。これに拠っても、恭平が死を賭して事に当ろうと考えていた事が証明されるのである。ただし、死生によって心を動かさない事の実現は非常に難しいのだが、ともかくも恭平がそのような境地への到達を目指していた事は疑いない所である。そして、その手本として文天祥を設定し、その「正気歌」に学び取ろうとしていた事は既に述べた。だから、これも前述したように、彼の獄中における詩は、「従容として死に就く」がキーワードになっていたが、それは、右のような文天祥学習、あるいは平常心獲得への希求に基いた言葉なのだ、と思うのである。坂本平弥斬首の一件も、このような「事を処するに死を決す」る覚悟に基いて為されたものであろう。

二十一　新潟旅行

新潟は恭平にとって嘗ての戦場でもあり、判事として比較的早い内に赴任し、詩社を主催していた所でもあって、懐しい所であったらしい。退官して閑を得た恭平は、ここに遊ぶ事になる。「官を辞して後、越後に遊ぶ」(「辞官後、遊越後」『松斎遺稿』)という作がある。

微官抛去一身軽　微官　抛去《ほうきょ》して　一身軽し
又向越州尋旧盟　又た越州に向《おい》て　旧盟を尋ぬ
猶有傷時心未尽　猶ほ時を傷む心の未だ尽きざる有り
吟筇到処問民情　吟筇《ぎんきょう》　到る処に　民情を問ふ

低い官位を投げ棄てて、拘束が取れた。
再び越後において昔の詩友を訪れる。
役人をやめた今も時世を憂うる心が無くならず、
杖を突いて行く先々で人々に生活状況を尋ねる。

この新潟行が明治二十三年、六十歳頃の事であるらしいのは、渡辺轍の「越後で持囃された会津の奇傑大庭松斎」が伝えている。その部分を引いてみよう。

明治二十三年の頃、我が家小千谷にあり（川岸町の郡役所の前の家）。その夏、白地の単衣で背高からず白鬚の老翁がしばしば父と共に來り、時にはわれ等兄弟の頭を撫でたりなどした。われ等には實にやさしい老翁と見えた。後で聞けば此老翁、京都で足利三代の木像の首を斬り、越後水原で佐幕浪人坂本平彌を斬つた、會津の奇傑大庭松齋翁であつた。私が斯《か》く〳〵で彼を斬りましたと、平彌を斬つた時の事など元氣よく談つたことを、かすかに覺えて居る。

この後に渡辺轍は、恭平が彼の父のために書いた七絶「渡辺美中の為に近作を録す」（「為渡辺美中録近作」）を引いている。それは次のようなものである。

曽唱尊攘不顧身　曽て尊攘を唱へて　身を顧みず

幽囚七載極峻辛　幽囚　七載　峻辛を極《きは》む
京誅《ママ》高氏越平弥　京には高氏を誅し　越には平弥
愧作瓦全偸生人　愧づらくは瓦全《がぜん》偸生の人と作《な》るを

昔は尊王攘夷を主張して、命を顧みなかった。
合計七年間も幽閉されていて、辛苦をつぶさに嘗《な》めた。
京都では尊氏を誅罰し、越後では坂本平弥を斬ったが、
恥ずかしい事には今では碌な事もせずに、空しく生きながらえておる。

この「七載」とは、上田時代・高田時代を併せて言うものであることは前述した。述べたように恭平は、実際には京都守護職の廻し者で、尊皇の志士にとっては憎むべき裏切り者であったのだが、足利三代の木像を梟首したという事件の表面だけが語り伝えられた結果、世間には本物の尊攘の志士と見なされるようになっていた。『振気篇』（明治二年刊）、『皇朝精華集』（明治八年刊）、『近世詩史』（明治九年刊）、『諸家小伝近世詩文』（西田森三編、明治十年刊）等の、維新の志士の詩を集めた中本《ちゅうほん》に、彼の詩が採録されており、また「文久癸亥春三月、同士と足利尊氏・義詮・義満の三木像の首を三条橋に梟す。」（『振気篇』）、「嘗て京都に在りて足利氏の木像の首を梟」（『近世詩史』）という風に履歴が紹介されている事が、それを端的に物語っている。(3) そのような英雄伝説が形成されて行くうちに、恭平自身も、それに乗っかって行く方が生きてゆくのに有利である、と思うようになったのではなかろうか。どう見たって裏切り者、廻し者であるよりは、尊皇の志士として下獄された方が格好良いし、佐幕派よりも勤皇派の方が遥かに時めいていた明治時代に在っ

ては、その方が出世もしやすかったからである。そこで恭平は、いつの間にか「曽て尊攘を唱へて身を顧みず」というような格好良い句を自分のキャッチ・フレーズとして唱えるようになったのではなかろうか。そのように身命を賭した勤皇の志士が、老衰した今、空しく生を偸《ぬす》む人となっておる、というのも、一種の貴種流離のイメージであって、読む者の心を打つ。況んやまして、彼は懐素ばりの狂草を得意としたというから、そのようなイメージの詩をそのような字体で書いた恭平の書は、なかなか魅力があったのであろう。渡辺轍は、恭平の晩年の書を、「往々越後に蔵するものがある」と言っている。恭平の越後旅行には書の潤筆料を稼ぐ、という実際的一面もあった、と考えられる。

二十二 晩年

退休生活に入った恭平は、函館において三年間ほどは、比較的穏やかな生活を送っていたであろう。次の「閑適」(『松斎遺稿』)は、そのような生活と心境とを詠じた作、と考える。

避世墻東無所求　世を墻東に避け　求むる所無し
終年高臥意悠々　終年　高臥して　意悠々たり
雲山近接仮山聳　雲山は　近く仮山に接して聳え
渓水遥通池水流　渓水は　遥かに池水に通じて流る
詩就即書何要好　詩就《な》れば即ち書し　何ぞ好きを要さん
酒醒復酔豈知憂　酒醒むれば復た酔ひ　豈憂を知らんや

閑中清福如茲足　閑中の清福　茲《か》くの如くして足る
不羨人間万戸侯　羨まず　人間《じんかん》の万戸侯を

後漢の王君公のように退隠して、栄達を求めることなく、
一年中、世俗にわずらわされず、ゆったりと過している。
雲のかかる山が庭の築山《つきやま》の間近にそびえており、
遥か彼方から流れて来る谷川の水が池の中に入りこむ。
詩ができると直ぐに清書し、どうしていつまでも推敲していようか。
酒が醒めると、また飲みなおして、どうして憂いなど抱こうか。
このように静かな生活の中に幸福が十分にあるから、
俗世間の富貴と権勢などは羨ましくもない。

頷聯は臥牛山が間近に在る事を述べており、第六句は、井口一眠が「終日、其の醒酔を同じくす」る事があったと言うように、実状であろう。

しかし、そのような酒びたりの生活は、恭平の肉体に良い影響をもたらさなかった。「小伝」では、「不幸ニシテ中風症ノ襲フ処トナリ、遂ニ在室蘭ノ親戚ニ寄食スルノ悲境ニ陥リ、半身不随ノ身ヲ以テ臥床十年、ワビシキ伏屋ニ居ヲ構ヒ」と言うから、没年令が言われている如く七十三歳とすると、六十三歳頃に脳梗塞か脳卒中のような病いに倒れたらしい。

家族には「一男アリ、精一ト呼ビタリシガ、二十一歳ニシテ病没セリ」（「小伝」）と言うから、この時には既に子も無く、「室蘭港に住する弟某に寄食して死せり。其死するや家なく妻子なし」（『幕末会津志士伝』）と言うから、妻も既に亡くなっていたようである。

倒れた当初は、それでもまだ函館から室蘭に移れる程度に体は動いたようである。意識もしっかりしていて、詩作を続けている。汽船で室蘭に移ったようで、「函館より室蘭に航す、海上の作」（「自函館航室蘭海上作」『松斎遺稿』）という詩がある。

火船如箭截波行　火船　箭の如く　波を截《き》りて行く
只聴殷々雷鼓鳴　只だ聴く　殷殷として　雷鼓のごと鳴るを
知是室蘭応不遠　知んぬ是れ　室蘭　応に遠からざるべきを
有珠翠黛笑相迎　有珠《うす》の翠黛　笑って相迎ふ

汽船は矢のように波を切って進む。
聞こえるのはただ雷鳴のような、ごう〳〵という音。
室蘭はもう近いのだとわかる。
美人の眉墨のような有珠山がひろがって私を迎えてくれるから。

この航海は、決して明るいものではないのだが、詩に明るさがあるのが救われる。それも、次の「室蘭雑感」（『松斎遺稿』）詩に言うように、久しぶりに弟に会える、という期待があるからであろうか。

方向誤来抗王師　方向　誤り来りて　王師に抗す
多年骨肉各流離　多年　骨肉　各の流離す
室蘭亦是懐遠訳　室蘭　亦た是れ　懐遠と訳す
夜雨連床談旧時　夜雨　床を連ねて　旧を談ずるの時

目指す方向を誤って、官軍と戦ったため、
長年、兄弟が各地をさまよった。
室蘭は別に「遠きを懐う」とも訳せる。
弟と席をつらねて、過ぎ去りし夜雨の日の事などを回想しよう。

この詩は転句が難解だが、晋の張茂先の「佳人遐遠に処れば、蘭室容光無し」（「情詩」第一首。『文選』）を踏まえ、室蘭を蘭室に通じさせて、蘭室と言えば、遠くにいる佳人を懐う所だから、懐遠という意になる、と言っているのではなかろうか。そして結句は、李商隠の有名な「何《いつ》か当《まさ》に共に西牕の燭を翦《き》りて、却って巴山夜雨を話《わ》する時なるべき」（「夜雨寄レ北」）を踏まえて、遠きに在った佳人、即ち弟と懐旧談に花を咲かせたい、と言うのであろう。

このように恭平は、室蘭行を零落の旅と悲観するよりは、むしろ兄弟再会の機会と肯定的に捉えているようであるが、この詩でもっと注目される事は、起句に見られる歴史認識である。それは戊辰戦争における会津藩の行動を歴史に逆行した物と認識している事を語るが、明治二十年代の終り頃になると、あの郷土愛に燃えていた恭平の脳裏にも、戊辰戦争における会津藩の位置を冷静に客観的に眺める余裕が生じていたようである。会津藩の敗退を悔しがったり憤ったりするよりは、むしろ戦争は兄弟流離の元凶であった、と批判的に観ている節さえあるのである。

久しぶりの兄弟再会を喜んだのも束の間、長期間、病床に不随の身を横たえる恭平は、弟の家族にとっては次第に疎ましいものになっていったのかも知れない。五十嵐治太郎の、

曽テ突然、久々ニテ翁ヲ室蘭ノ病床ニ訪ヒシトキ、歓極マリテ歔欷流涕ノ体、静カニ不随ノ身ヲ床上ニ横ヘテ快談数刻ノ後、他日、遺稿出版ノ請託ヲ受ケタリシ（『松斎遺稿』序）

という回想からも、貧しく寂しい晩年であった事が想像できる。この見舞の折に、恭平が不随の手をもって書し、治太郎に与えた、いわば絶筆となった作が「病中偶ま成る」（「病中偶成」『松斎遺稿』遺収）であると言う。

入夜早眠為酒虚　夜に入りて　早く眠るは　酒虚なるが為《ため》なり
始知人世有乗除　始めて知る　人世　乗除有るを
京城旧是豪遊日　京城　旧《もと》是れ　豪遊の日
一抛千金猶有余　千金を一抛しても　猶ほ余り有り

夜になると早く眠ってしまうのは、酒が飲めなくなったからだ。

初めてわかった、この人の世には余りと不足と釣り合いが取れる事が。
かつて京都で豪遊していた時には、
千金を使い尽しても、まだ余裕があるほどだったが。

『松斎遺稿』巻頭には、右詩の書影が掲げられており、その本文は「遺拾」に録された本文と少しく異なるが、ここには書影のそれを採った。その方が平仄が正しい、と思うからである。

文久二・三年の頃、京都で浪士たちと思う存分飲めたのは、たぶん会津藩から浪士たちの動静を探るための資金が渡されていたからであろう。その時には恭平は、血気盛んで体力もあり、主家のために貢献しようと張り切っていて、見方に拠っては人生の絶頂期であった、と言える。だが今は、酒を飲みたくても、体がそれを許さないし、第一、購入する資金も無い。零落極まった時である。過去の充足と現在の欠損。そういう意味で、人生は加減乗除すればゼロだ、というのが恭平の最晩年の人生認識だった、と言うことも許されるであろう。

恭平の没年については異説がある。「小伝」では、「明治三十六年一月四日、古稀ノ齢ヲ以テ終ニ異郷（室蘭）ノ空ニ不帰ノ人トナレリ」と言う。『明治維新人名辞典』では、明治三十五年一月五日に七十三歳で没した、と言う。

二十三　死後の評

『松斎遺稿』に収められた諸家の詩文の内で、筆者が、比較的公正な評言として採るに足る、と思うものに就いて述べる。

まず巻頭に掲げられる浩々斎主人長岡清次の七絶は、「室蘭にて大庭松斎翁の故宅を過ぎて作有り、録して五十嵐君に似《しめ》す」（「室蘭過大庭松斎翁故宅有作、録似五十嵐君」）と題するものである。

曽記藩公護帝宮　曽て記す　藩公　帝京を護るを
誅姦除悪半君功　姦を誅し　悪を除く　半ばは君が功なり
浮沈今日誰無涙　浮沈　今日　誰か涙無からん
高柳疎槐烟雨中　高柳　疎槐《くわい》　烟雨の中《うち》

かつて会津藩主松平容保公が京都を守護された事を憶えている。姦悪な浪士たちを誅罰できたのは、半分は君のお蔭だ。その後の君の栄枯盛衰に今日涙しない者がいようか。今ではただ高い柳と葉もまばらな槐樹がもやにけぶる雨の中に立っているばかり。

足利三代木像梟首事件における恭平の功績と、それと対蹠的な後年の零落とを指摘し得ており、その上に、恭平没後の故宅の様子が窺える、という資料的価値を備えている。
巻末に総評として広沢安任は言う。

思想高超、字句精練、絶えて一点の俗習無し。是れ余の最も敬畏する所なり。篇々直ちに胸臆を叙し、毫も修飾無

し。亦た以て其の人となりを想見すべし。読み去りて尚ほ相接して談ずるが如し。（原漢文）

その詩には、俗習が無く、胸中をそのまま叙して修飾が無い、そして、それは人物にも通ずる、と言う。この批評は、筆者も同感である。

跋において荘田三平は言う。

其の詩は一気放奔の中に、自ら無限の情趣有り。其の人となりに称《かな》ふ。古人曰く、詩は性情を主とすと。余、先生の詩に於て亦た云ふ。

これも、性情を率直に抒べて、しかも情趣があるという、恭平の詩性の指摘であって、首肯できるものである。

注

（1）その原文は次の通り。

後爲二法官一、在二秋田縣一、某歳至二函館一、爲二廳屬一、已而免レ官、僦二寓船魂社側一、吟レ詩作レ文、家雖レ無二擔石之貯一、而見二古書陳篇一、曲《ママ》二衣物一購求、有二雅客一、則酌レ酒欵待談論、至二會意之事一、意気慷慨、口沫津々、意有二不レ歉者一、雖二貴卿巨紳一、詆訶排擊、不二少假借一、急二人之難一、力爲二之圖一、抑レ強扶レ弱、不レ避二怨嫌一、尤妙二書法一、字瘦筆勁、無二俗氣一、胚二胎於老懷大蘇之間一、別存二一家之趣一、非三今世書家所二能衡一、唯不下以二書家一自居上、故不レ見二其楷行之美一也、

（2）その原文は次の通り。

一眠子曰、余與二松齋一、爲二文酒之交一、終日同二其醒醉一、終不レ見二崖異之行一、唯與二俗客一劇飲、一語不レ合レ意、則慢罵怒レ目、拂レ袂而去、此其所二以爲レ狂乎、然其狂不レ可レ及也、嘗曰、余處レ事決レ死、無レ所二畏懼一、唯在二獄中一、一夕監人具二沐浴酒肴一、意

以爲死日到也、胸次爲レ悪。次日有レ命放免。嗚乎死生之動レ心如レ斯乎。此松齋自吐二其實一者、死有下重二於泰山一者上、有下輕二於鴻毛一者上、古人處二死生之間一、談笑不レ動二面色一、此固非三常人之所二能爲一也。

(3) 恭平と親交を持った井口一眠さえも、

大庭松齋、名機、稱二恭平一、會津若松藩士、値二幕政日衰一、各藩主二張尊攘之説一、壯士四起、謂非二優游讀書之時一、大丈夫安能欝々、長立二人下一乎、去游二上國一、與二志士豪客一、縱二論時事一、安政三《ママ》年、將軍入レ朝、浮浪扼腕、皆曰明二名分大義一、在二此時一、松齋乃與二其徒一、夜入二西京等持院一、斬二足利氏十三世木像首一、列二三條橋一、如二梟首状一、榜下書高氏以來、蔑二朝憲一汚中國躰上、暗諷二刺時政一、幕吏怒二其暴行一、捕獲最嚴、遂拘逮、錮二信州上田藩一、

と、恭平を典型的な尊王攘夷の志士と見ていた。

追記

前国立歴史民俗博物館長宮地正人氏より太平書屋浅川征一郎氏を介して、次のような御教示を得た。即ち、(上)第八節二十七頁に記した、大庭恭平の上田藩幽閉の赦免の年月日について、『復古記』十三、慶応三年十二月二十六日に、

○初メ三輪田元綱…等六人、足利氏ノ木像ヲ梟首セシ罪ヲ以テ、各藩ニ禁錮ス、文久癸亥ノ歳ニ在リ、是日、之ヲ宥ス。

(中略)

松平伊賀守預り

師岡節斎

大場恭平

(中略)

去ル亥年、足利木像梟首事件ニ付、禁錮有之候処、今度政令御一新ニ付、被免候旨被仰出候間、此段可取計候事。

とある、という事である。記して感謝の意を表します。

後記

幕末維新という時期は、日本の歴史の内でも最大の激動期であるだけに、その時期を生きていた人々の人生は大きく揺れ動くことが多い。言い換えれば、人生が面白いのである。そこで、その時期の人々の人生を私なりに把握し、描きたい、という思いを何時からか抱くようになった。と言っても、私の場合は、漢学を主要な教養とする文人や志士たちのそれである。かくて、幕末維新の時期の文人や志士たちの文業と人生を扱った近稿を集めて一書とすることにした。

所収の文章に就いて簡単に説明しておく。

第一章「馬琴と西鶴」は、平成一九年六月に青山学院大学で開催された日本近世文学会で発表したものの書き下ろしである。『八犬伝』でも最も有名な浜路口舌の場面に就いては、三〇数年以前の大学院生の時に、ある人情本の研究者と雑談していて、それが人情本的な場面である、という説を聞いて、なるほどと思ったりしたが、この度、思いつく所があって、西鶴の『好色五人女』の八百屋お七の話がその原拠である、という説を発表したのである。西鶴の好色物に来源があるからには、人情本的である、という考え方にも一部の理は存しているかも知れない。なお、この学会の懇親会の際に、挨拶に見えた市川団十郎さんに少しくアルコオルが入った私が握手を求め、一言二言、言葉をかわしたのは一興であった。

第二章「前高崎藩主大河内輝声の中国小説愛好」は、やはり平成一九年六月に高崎市で開かれた明治大学校友会群馬支部の大会で同題で講演したものの書き下ろしである。群馬県は私の郷里であるが、その高崎に関係があって、できるだけ一般的な話題をと考えて、この題にしたのである。大河内輝声と黄遵憲の交渉を取り上げる事にも、三〇数年前の大学院生の折に、こうなる淵源があったのであるが、その事は拙著『近世日中文人交流史の研究』の後記でも触れたので、繰り返さない。本稿を物するに当たって、高崎市頼政神社総代の堤克政氏から新資料を閲覧できる機会を得たが、氏が高崎藩の筆頭家老の御子孫である事を知って、不思議な御縁に驚いた次第である。

第三章「清河八郎の安積艮齋塾入門」は、元来は現在『明治大学教養論集』に連載中の「安積五郎と清河八郎」の一節として書いたものであるが、八郎と間崎滄浪との出会いに序で述べたような重要な意味がある事を知って、抜き出して一章として独立させたものである。それにはもう一つの理由があって、右の連載が長引き、いつ終るか分からなくなったので、一先ずこれだけでも入れておこう、と思ったからである。

第四章「町井台水の「南討紀略」」（初出は『明治大学教養論集』三九〇号。二〇〇五年一月）は、たまたま購入した『台水先生遺文』に興味を抱きそうな叙事文があったので、読んでみて、その小説にも通ずる面白さを知り、且つ歴史資料としても有意義なものであるのに余り利用されていない事を惜しみ、その翻訳を思い立ったのである。今後はこのような漢詩文集中の漢文を史料として活用する事を心がける必要があるだろう。私個人としては、この中の安積五郎が捕縛される記述を読んで、五郎という人間に興味を抱き、それがきっかけで、「安積五郎と清河八郎」の追尋が始まった、という意味を持つ文章なのである。

第五章「大橋訥庵逮捕一件」（初出は『明治大学教養論集』三九二号。二〇〇五年三月）は、たしか『官武通紀』三「大橋順三始末」が儒者の関わる歴史事件として面白くて、その実際との差異を検討すべく、書いたものと記憶する。訥庵は、戦前にはもてはやされた人物で、寺田剛の『大橋訥菴先生伝』など、良い仕事ではあるが、随分偉人として扱っている。だが、検討してゆく内に訥庵が理想と現実の狭間で困惑し、渋面を作りがちな、一個の普通人と見えてきた私は、彼のそのような面を描き出す仕儀に相成った。そして幾分かは寺田の仕事の上に新しいものを付け加えられたかと、ひそかに思っている。

第六章・第七章「大庭松斎」（初出は『明治大学教養論集』四〇〇・四一三号。二〇〇六年一月・二〇〇七年一月）は、これもたまたま入手した『函館游寓名士伝』で読んだ松斎の伝に興味を覚えて、比較的に早い時間でまとめたものである。この度、一部を増補している。松斎は司馬遼太郎が小説『幕末』「猿ヶ辻の血闘」で主要人物として描いているので、比較的に有名な人物となっているが、こちらは史料に拠ってその実像に迫ろうとしたのである。

以上六点、その数量は決して多いものとは言えないが、現代はネットの普及などによる情報化時代で、古い物が消えてゆく速度は速く、以前に書いた論考が持つ生命力が格段に短くなっている情勢を思うと、いつまでも古い論考を寝かせておく事は出来ない。加えて、去年の一〇月二六日に母を九四歳で喪った私は、自分も決して若くはない事を実感し、今後は比較的に早い内に比較的短いものを纏める、という仕事法を取るしかない、と思うようになった。そこで、昔はよく呑んだ、ゆまに書房社長荒井秀夫氏に図り、この程度で纏める事にしたのである。編集を引き受けて下さった吉田えり子さんにも貴重な助言を頂いた。感謝いたします。

平成二〇年二月二四日

和泉校舎研究室にて

徳田　武（とくだ　たけし）明治大学教授・文学博士。

1944年群馬県生まれ。

編著『照世盃 付・中世二伝奇』（ゆまに書房）、『対訳 中国歴史小説選集』全19巻（ゆまに書房）。著書『江戸詩人伝』（ぺりかん社）、『日本近世小説と中国小説』（青裳堂。日本学士院賞受賞）、『江戸漢学の世界』（ぺりかん社）、『繁野話・曲亭伝奇花釵児』（岩波書店。新日本古典文学大系）、『野村篁園・館柳湾』『梁田蛻巌・秋山玉山』（共に岩波書店。江戸詩人選集）、『文人―亀田鵬斎・仁科白谷・田能村竹田・亀井南冥』（岩波書店。江戸漢詩選）、『馬琴中編読本集成』（汲古書院）、『近世説美少年録』『日本漢詩集』（共に小学館。新編日本古典文学全集）、『近世近代小説と中国白話文学』（汲古書院）、『近世日中文人交流史の研究』（研文出版）。

幕末維新の文人と志士たち

2008年7月18日　第1版第1刷発行

著　者　徳田　　武
発行者　荒井　秀夫
発行所　株式会社　ゆまに書房
〒101-0047　東京都千代田区内神田2-7-6
電話　(03)5296-0491（代表）
FAX　(03)5296-0493
組版　有限会社ぷりんてぃあ第二
印刷　株式会社平河工業社
製本　東和製本株式会社

ISBN 978-4-8433-2830-9 C3095

定価：本体3,800円＋税